春秋战国人物传奇

罗建华 —— 编著

团结出版社

© 团结出版社，2024 年

图书在版编目（CIP）数据

春秋战国传奇人物 / 罗建华编著 . -- 北京：团结出版社，2024.10
　ISBN 978-7-5234-0384-6

Ⅰ . ①春… Ⅱ . ①罗… Ⅲ . ①历史人物 – 列传 – 中国 – 春秋战国时代 Ⅳ . ① K820.25

中国国家版本馆 CIP 数据核字 (2023) 第 167028 号

责任编辑：周　颐
封面设计：紫英轩文化

出　版：团结出版社
　　　　（北京市东城区东皇城根南街 84 号　邮编：100006）
电　话：（010）65228880　65244790
网　址：http://www.tjpress.com
E-mail：zb65244790@vip.163.com
经　销：全国新华书店
印　装：天津泰宇印务有限公司

开　本：170mm×240mm　16 开
印　张：12　　　　　　　　　字　数：200 千字
版　次：2024 年 10 月　第 1 版　　印　次：2024 年 10 月　第 1 次印刷

书　号：978-7-5234-0384-6
定　价：39.80 元

（版权所属，盗版必究）

前言

春秋战国是一个群雄争霸的时代，是中国历史上最为光辉灿烂的时代之一。在这风起云涌的几百年间，层出不穷地涌现出了无数个英雄，正好印证了那句话"江山代有才人出，各领风骚数百年。"春秋战国是中国思想发展过程中，最丰富多彩、最灿烂辉煌的一个历史时期；是中国古代文明的良好的开端；是中国几千年的历史长河中绝无仅有的思想自由、言论自由、文化氛围比较宽松的历史时期；是真正的百家争鸣、百花齐放的时期。在这个特定的历史时期，造就了许多伟大的思想家，比如，执着事功的孔孟，清静无为的老庄等，他们那些精辟的思想理论是中国民族精神源泉不可或缺的一部分，对后来中国的社会政治、文化思想以及经济生活都产生了深远的影响。

在当时，整个华夏九州，可谓是群星闪耀。追逐霸主地位的君王，掌控着国家的命运；惹人怜爱的美女舞动着政治的波澜；叱咤风云的将领，影响着国家的安危；教人处世的思想家，主宰着世人的思想理念；纵横捭阖的说客，用口舌便能将列国陷入纷争。

本书提炼古今史料，节选其精华，生动地描绘了齐桓公、晋文公、秦穆公、宋襄公、楚庄王五位春秋霸主以及越王勾践、赵武灵王、郑庄公等明智君王励精图治，广纳贤才，争雄天下的雄伟大略；刻画了西施、夏姬、樊姬、齐姜等绝世美女的万种风情；塑造了范蠡、孙武、吴起、孙膑、乐毅等军事家的计谋韬略；讲述了苏秦、张仪、晏婴、虞卿、子产、范雎等纵横家的精彩人生。

《春秋传奇人物》，再现了春秋五霸争雄的场景，再现了战国七雄斗志的谋略；再现了诸子百家的思想；再现了纵横家的才干……

希望广大读者在打开我们精心编纂的这部《春秋传奇人物》的时候，能够把握其精髓，领悟其真谛，从而提高自身的修养与才能。并希望广大读者在阅读本部图书的同时，能对我们编辑过程中的缺点、不足给予批评、谅解。

目录

诸侯——群雄争霸君王起

齐桓公姜小白——春秋"五霸"之首 / 001

晋文公重耳——晋国百年霸业的开创者 / 004

宋襄公子兹甫——含恨而终的诸侯 / 008

秦穆公嬴任好——横扫西戎的霸王 / 010

楚庄王熊侣——一鸣惊人的楚国君主 / 013

越王勾践——"卧薪尝胆"的君王 / 015

吴王夫差——被狂妄自大害死的君主 / 019

秦孝公嬴渠梁——敢于变法图强的明主 / 023

燕昭王燕职——燕国辉煌时代的缔造者 / 026

赵武灵王赵雍——推行"胡服骑射"贤主 / 028

晋悼公姬周——晋国霸业的复兴者 / 034

郑庄公寤生——小霸中原的政治高手 / 037

秦昭王嬴则——诸侯国中最有才干的君主 / 042

美女——舞动政治波澜的半边天

西施——勾践复国的牺牲品 / 046

夏姬——情史混乱的"狐媚子" / 048

樊姬——辅佐霸业的好妻子 / 053

宣姜——命运坎坷的苦命女 / 056

骊姬——"骊姬倾晋"的策划者 / 059

齐姜——识大体的美娇娘 / 062

军事家——克敌制胜的主力军

范蠡——兴越灭吴奇谋的制造者 / 066

孙武——兵学圣典的创造者 / 071

吴起——战国初期卓越的军事家 / 075

孙膑——鬼谷子的爱徒 / 079

乐毅——善于以少胜多的将军 / 083

廉颇——战国四大名将之一 / 087

白起——使秦业帝的"战神" / 093

王翦——下场最好的战国名将 / 100

思想家——思想理念的主宰者

孔子——儒家学派的创始人 / 104

老子——道家学派的创始人 / 108

墨子——墨家学派的创始人 / 111

孟子——仅次于孔子的"亚圣" / 115

庄子——道家学派的代表人物 / 120

荀子——与孟子齐名的思想家 / 124

纵横家——舌灿莲花皆成风流

管仲——春秋第一相 / 128

子产——真正务实的政治家 / 133

晏婴——才华出众的"小矮人" / 137

商鞅——下场悲惨的变法者 / 142

田单——用"火牛阵"复国的城管 / 146

张仪——靠舌头闯天下的人 / 150

苏秦——一怒而诸侯惧的纵横家 / 155

蔺相如——战国时期著名的外交家 / 158

吕不韦——把君王当货物的大商人 / 162

鲁仲连——淡泊名利的高人 / 170

虞卿——合纵抗秦的拥护者 / 174

子贡——能言善辩的政治家 / 178

范雎——助秦称霸的谋略家 / 181

诸侯——群雄争霸君王起

齐桓公姜小白——春秋"五霸"之首

人物名片

齐桓公（？～前643年），是春秋时期齐国的国君。齐桓公于公元前685年即位，在位四十二年之久。齐桓公，姓姜，名小白。他是僖公的第三个儿子，襄公的弟弟。齐桓公在位期间，励精图治，曾任用管仲进行改革，而且选贤任能，礼贤下士，大力发展农业生产。齐桓公号召"尊王攘夷"，协助燕国大败北戎，解救邢、卫于水深火热之中，阻止狄族入侵中原，国力日渐强盛。与此同时，联合中原各国攻楚国的盟国蔡国，却又同楚国于召陵会盟。此后，平定周朝王室内乱，几次诸侯会盟，成为当时中原的霸主。但是，齐桓公晚年昏庸，听信易牙、竖刁等小人的谗言，最终在内乱中饿死。

人物风云

春秋时期，整个中国都处于一片混乱之中，战争连绵，战火不断。晋国的君主晋献公东征西讨，兼并别国，势力逐渐强大。对东方的齐国，晋献公丝毫没有戒备之心，直至齐国发生内乱。

当时齐国的君主为齐襄公,他淫乱无道,每日饮酒作乐,对朝政全然不理,齐国上下一片混乱,这位昏庸无道的君主被堂弟公孙无知杀死,而公孙无知就篡位成为了齐国的国君。一年之后,公孙无知被齐国人杀死了,齐国国君的宝座就空了下来。国不可一日无君,齐国处于一片混乱之中,政权夺位的事情接连不断地发生。

就在齐襄公任齐国国君的时候,他的哥哥公子纠和公子小白就已经预感到了齐国将会面临一场大浩劫,所以二人早早就有了自己的打算。为了躲避战乱,公子纠逃到了鲁国,跟随他一起逃亡的还有谋士管仲与召忽。公子小白也逃到了莒国躲避灾难,伴随他左右的是谋士鲍叔牙。两个人不问国事,过着休闲自得的生活。

公孙无知去世之后,齐国的德高望重的大臣一致推荐说:"国不可一日无君,家不可一日无主,应该将公子小白迎接回国当齐国的国君。"由于公子小白自小就与大臣高傒的关系甚好,因此高傒特别希望公子小白做君主,于是,便派人千里迢迢去莒国接公子小白。

同时,鲁国的国君在听到这个消息之后,也派军队护送公子纠回到了齐国,支持公子纠做国君,而且还指派了一支强大的军队,命管仲率领埋伏在从莒国通往齐国的途中,准备杀害公子小白。管仲见到公子小白后,举起弓箭就朝公子小白射去,幸运的是公子小白腰带上的铜扣救了他一命,公子小白假装被射死。管仲误以为公子小白真的死了,于是立即派人将公子小白已经死去的消息传回鲁国。

鲁国国君与公子纠听到这个消息之后非常高兴,心想这次总算可以安心了,就再也没有人争夺齐国国君的宝座了,于是便放慢了送公子纠回齐国的行程,一路上游山玩水,好不悠闲自在。然而当他们六天之后踏进齐国边境的时候,才得知原来公子小白已坐上了国君的位子,事情早已成为定局,后悔已经晚了。公子小白担任齐国的君主,即为齐桓公。

正所谓"人不犯我,我不犯人",对于一心想要害死自己的亲哥哥,齐桓公也不会心慈手软。齐桓公派了一支精锐军队前去进攻护送公子纠的鲁国军队,大败鲁国军队,而且将鲁国军队的归路完全截断了。

与此同时，齐桓公命人将自己亲笔书信交予鲁国君主，书信上说："公子纠是我的哥哥，基于多年的兄弟情义，我实在不忍心亲自杀死他，那就有劳您替我杀了他吧。至于管仲与召忽二人，他们均是我不共戴天的仇人，请将他们二人护送回齐国，我定要将他们五马分尸，以消心头之恨。如若不然，那就不要怪我不客气，我定会派兵攻打鲁国，如果事情搞到这个地步，那么对鲁国和齐国都没有好处。"鲁国国君收到书信之后，害怕极了，立刻派人把公子纠杀掉了。公子纠死后，忠心耿耿的召忽自知命不久矣，与其等到别人动手，倒不如自行了断，于是自杀为主人殉节了。

　　鲁庄公因为害怕引起战争，于是想要将管仲护送回齐国，交予齐桓公处置。但这件事遭到了鲁国大臣施伯的强烈反对，他说："齐桓公之所以想要管仲回到齐国，并不是为了杀掉他泄恨。据我所知，齐桓公是一个礼贤下士的君主，他之所以会这样做，是想任用管仲，为他效力。以管仲的聪明才干，天下间还没有人可以与他相抗衡。若是君主放管仲回齐国，日后齐桓公得到了管仲的辅佐来治理齐国，那么齐国一定会很快富强起来的，到时候对鲁国必然会形成强大的威胁。依我看倒不如一了百了，永绝后患，我们杀死管仲，之后将他的尸体送回去。"

　　而胆小怕事的鲁庄公坚决不依，说道："齐桓公早就料到我们的计划，现在齐国军队已经驻扎在边境，若是不按照齐国的吩咐做，那么鲁国马上就会遭到齐国的进攻，所以为了避免一场无谓的战争，我们还是按照齐国说的去做吧。"于是鲁庄公下令将管仲毫发无损的送回了齐国。

　　在鲍叔牙的帮助之下，齐桓公顺利即位，齐桓公想要鲍叔牙担任宰相一职，鲍叔牙却婉言拒绝了，因为在鲍叔牙的心里管仲才是最适合的人选。所以在鲁国军队送回管仲之后，齐桓公便立即下旨让管仲做了齐国的宰相。

　　鲍叔牙与管仲自小感情就非常好，算得上是生死之交，以前两人曾搭伙做过一些小生意，每次赚了钱之后，管仲总会给自己多分一点儿，对于这一点鲍叔牙从来都不说什么。

　　后来，管仲说："小时候，我的家里非常贫穷，为了生计，与鲍叔牙在一起靠做一点儿小生意来养家糊口，每一次赚钱回来，我总是拿大份儿的，鲍叔牙心知肚明，但是从来都没有说过我贪心，因为他知道我穷。以前在军营，我打过三次仗，而这三次我都做了逃兵，鲍叔牙也从来都没有骂过我，因为他知道我有八十岁的老母要养活。而在公子纠死后，我变成了一名囚犯，鲍叔牙并没有因此而看不起我，因为他知道我只是暂时的隐忍，将来一定会名扬天下。是父母给了我生命，然而鲍叔牙才是我的知己。"

公子小白做了齐国的国君之后，在管仲的大力帮助之下开始选拔和任用有才识的人担任要职，同时废除苛捐杂税，减免赋税，对那些贫穷的百姓进行救济，齐桓公在齐国人心目中的形象越来越高大，成了百姓拥护的对象。

之后，齐桓公出兵征讨鲁国、蔡国、楚国等多个国家，同时派兵救援燕国与卫国两个国家，组织诸侯会盟，而且带头表示会效忠周朝天子。

公元前651年的夏天，齐桓公再一次于葵丘汇集天下诸侯进行会盟，这一次周天子也派人拿着厚礼奖赏齐桓公，齐桓公登上了天下诸侯的盟主的宝座，自此春秋时代的第一位霸主诞生了。

晋文公重耳——晋国百年霸业的开创者

人物名片

晋文公（公元前697年～前628年），自小谦虚好学，善于结交天下英才。之后因为受到迫害离开晋国，开始了游历的生活。在外漂泊十九年后终于回到晋国，杀死怀公之后自立为晋国的国君。晋文公即位之后，开始了一系列的改革，对内开始拔擢贤能，任命狐偃做宰相，先轸为元帅，同时由赵衰、胥臣二人辅佐政权。晋民各执其业，吏各司其职。在晋文公治理之下，晋国逐渐强盛起来。晋文公采取联秦合齐的策略，同时保宋制郑，竖起"尊王攘楚"的大旗。大力犒劳三军六卿，在践土与诸侯会盟，开创了晋国长达百年的霸业，与齐桓公并称"齐桓晋文"，在后世儒家、法家等各个学派留下美名。

人物风云

南方的楚国挺进中原时，北方晋国的势力也逐渐变得强大了，两大强国由此展开了一场争夺霸权的斗争。

晋国处于山西汾水流域，和戎、狄等杂处，国界不明。春秋初期，从军事力量方面说，晋国的势力还非常弱，依然是一个小国，且内部争斗不断。

公元前679年，曲沃桓叔的孙子曲沃武公派兵攻打晋，与晋对抗，之后曲沃武公自立为晋武公。曲沃武公为取得合法的地位，竟然用价值连城的珠宝器物行贿周釐王，而贪财的周釐王禁不住诱惑，最终承认了曲沃武公的合法地位。在当时，依照西周的礼仪制度，各个诸侯国所具备的军事力量应该是：大国具备三军的兵力，次国具备二军的兵力，小国具备一军兵力，因此，晋国在当时各个诸侯国中只能算得上是一个不入流的小国。

在取得合法地位的第二年，晋武公就死了，之后其儿子晋献公继承了君位。在位二十六年期间，晋献公励精图治，铲除奸佞，对那些奸恶的同姓宗族从来都不会手下留情，同时对那些立下军功的卿大夫委以重任，这样一来就大大强化了公室的权力，稳定了公室的政治地位。

晋国的综合国力逐渐强大起来，势力强大了，野心也随之变大了，晋献公开始一点点向四周开拓自己的疆域。在这一时期，被晋国吞并的小国不计其数，与此同时，晋献公还指派军队攻打骊戎、北狄等少数部族。此时的晋国已经不再是一个小国，而是一个疆域辽阔的国家，晋国的疆域已经扩展至黄河西岸与南岸，已经成为一个拥有崤山与函谷关天险的北方强国了。为了实现自己的霸业，吞并更多的国家，晋献公招兵买马将军队扩大了一倍，从原来的一军兵力增长到了两军的兵力。期间，晋献公亲自统帅上军，太子申生率领下军，国力日渐强盛。

在晋献公大败骊戎之后，骊戎的头领为了表达对晋国的诚意，亲自把美女骊姬护送到晋国，将其献给了晋献公。好色的晋献公在看到骊姬的第一眼，就被她的美貌迷住了，对她百般宠爱，从此便再也无心朝政，再加上骊姬很快给晋献公生下了儿子，母凭子贵，骊姬因此更加受宠了。

骊姬并不像她的外表那样惹人怜爱，相反骊姬异常狠毒，一心想要让自己的儿子奚齐做晋国的太子。为了实现自己的梦想，她施计将太子申生害死，而公子重耳与夷吾为了躲避灾祸，被迫离开晋国，开始了流亡的生涯。

公元前651年，晋献公去世，大臣荀息支持奚齐继承君位，做晋国的国君，而大臣里克拥立公子重耳，两股势力发生了激烈的争斗，随后，里克一党占了先机，发动了宫廷政变，杀死了奚齐。荀息又改立卓子，而里克又借机杀掉了卓子，就连荀息自己也被迫选择了自杀。国不可一日无君，第二年，为了稳固晋国的混乱局势，周襄王与齐桓公、秦穆公进行了一次会盟，将一直流亡在梁国的夷吾立为晋国的国君，即为晋惠公。

哪里知道晋惠公竟然心术不正，是一个毫无信用可言的人。为了可以回到晋国当上国君，他曾经答允秦国以及国内大臣：若是可以帮助他当上晋国的国君，日后定当重谢。但是在他们帮助晋惠公当上国君之后，他便立刻将这些许诺抛至九霄云外，支持他的功臣里克被迫自杀，而对于秦国，曾经开下海口所应许的五座城池也全部化作了泡影，甚至在秦国发生了百年不遇的大灾荒的时候，秦国向晋国购买粮食，也被晋惠公绝情地拒绝了。晋惠公的种种行为，让秦国恨透了他。在鲁僖公十五年，秦穆公亲自率领大军攻打晋国，两军在韩原展开了一场激烈的战争，晋军大败，晋惠公落入秦军的手里。

晋惠公是秦穆公妻子的亲弟弟，秦穆公将晋惠公活捉回去之后，本打算杀掉晋惠公，以此来平息心中的怨恨。但是穆公夫人念及多年的姐弟情谊，竟然以自焚要挟秦穆公，秦穆公不愿看到夫妻反目成仇，这才保全了晋惠公的一条命。在晋惠公当俘虏的这段时间，秦、晋两国签订了友好盟约。同年，秦国护送晋惠公回到晋国。但是，当晋惠公回国之后，就立即派人快马加鞭前往狄地去刺杀对他存在潜在威胁的重耳。却不料走漏了风声，重耳听到风声之后，立刻逃跑了，又开始他漫长的流亡生活，在此期间，重耳共游历了八个国家。

直到公元前636年，流亡十九年之久的公子重耳，在秦穆公（他的岳父）的大力协助之下，终于回到了晋国坐上了君主的宝座，史称晋文公。晋文公执掌晋国的政权后，将狐偃、赵衰以及先轸这些精明能干的大臣置于要职，同时在经济、政治、军事方面都进行了改革，大力推行"举善援能"、"明贤良"、"通商宽农"、"赏功劳"等政策，励精图治。在晋文公的治理之下，晋国迅速强盛起来，为争霸诸侯奠定了坚实的基础。

晋文公登基的同一年，周襄王被他的弟弟叔带勾结狄人驱逐出国，逃到了郑国避难。第二年，狐偃上书晋文公"勤王"，杀鸡儆猴，树威于天下。在狐偃的劝说之下，晋文公抓住了这一个难得的机会，派军队将周襄王护送回国，杀死了叔带。周襄王对晋文公十分感激，为了答谢晋文公，就将"南阳之田"赠予晋国。所以，晋国的南部疆域迅速扩展到了太行山以南、黄河以北的地区，这也为晋文公日后称霸中原埋下了伏笔。晋文公此举不仅得到了尊王的美名，而且在诸侯心目中的地位也上升了，同时还取得了进出中原境内的捷径，算得上是名利双收。

为了适应当时争霸的形势，晋文公还在军事与政治方面进行了一系列变革。

之前归附于楚国的宋国，看到晋国的势力逐渐强大起来，于是设法脱离了楚国的控制，投靠了晋国。公元前634年，齐、鲁两国展开激战，鲁国向楚国求援。而楚国为了保证自己在中原的优势地位，便携同陈、蔡、郑、许等国联合起来攻打齐国的同盟国宋国。一年之后，宋国因为抵挡不住进攻，最后派人求救于晋国。大夫狐偃经过再三分析，建议出兵。公元前632年，在齐、秦等国的帮助之下，晋国决定派兵征讨楚的盟国曹国与卫国。经过三月的时间，晋军攻占了曹国都城陶丘。但是，楚军没有上当受骗，仍旧加紧攻打宋国。

同时，晋国还进行了一些外交活动，不但曹、卫与楚国的盟友关系被破坏了，继而和齐、秦两个国家结成盟友关系，于是秦、齐两个国家也一同救援宋国。楚成王眼见形势于自己不利，便立即率领大军退回到楚国的境内，与此同时，并派使者告诉前线的楚国大将子玉要"知难而退"。但是，子玉生性骄横自负，根本没有将晋军放在眼里，轻率冒进，率领军队大举进军陶丘，企图与晋军主力决一死战。晋文公眼见楚军步入自己的圈套，立即下令"退避三舍"，到城濮安营扎寨。

同年四月，双方在城濮展开激战。晋军用上、中、下三军摆成横阵。其战法为右军撤退，引诱敌军出击，之后利用中、左两军进行夹击。而楚国联军由子玉亲自率领，楚军位于中间位置，陈、蔡的军队在右侧，郑、许的军队位于左侧,这样的阵势明显就是要三军齐进。战斗刚刚开始,晋国就占了上风,晋军团结一致,同仇敌忾,奋勇杀敌,敌军一触即溃。之后,晋军选择后退,引诱敌军,楚军陷入了晋军的重重包围,结果全被歼灭。子玉眼见形势不妙,立即下令中军停止进攻,撤退到连谷。

楚军战败的消息传到了楚王的耳朵里,龙颜大怒,严厉地斥责子玉,子玉被迫自杀。

公元前632年,晋文公在践土召开会盟,其主要人物包括鲁僖公、蔡庄侯、齐昭公、郑文公、卫叔武、宋成公和莒子,周襄王不但派王子虎参加了这次盟会,而且还亲自前往践土犒劳晋文公。由此一来,晋文公的霸主地位得到各诸侯王的认可。同年冬天,晋文公召集会盟,周襄王也被邀请参加盟会,从而进一步巩固了晋文公的霸主地位。

之后,楚、晋之间展开了长达百年的争斗。

宋襄公子兹甫——含恨而终的诸侯

人物名片

宋襄公,春秋中前期宋国国君,是一个以仁义见称,颇有作为的政治家。刚登基时,就以贤臣子鱼、公孙固为辅,宋国由此开始逐渐繁荣。宋国紧紧跟着齐桓公的步伐,积极地维护齐国的霸权。齐桓公死后,宋襄公想要称霸于诸侯,却被楚国阻止。后来,他一意孤行,发兵攻打郑国,与楚国在泓水决战,宋军被打败。宋襄公不幸中箭,没过多久就死了,终其一生都没有实现成为霸主的美梦,含恨而终。

人物风云

召陵之盟后,由于楚国的北进时受到阻碍,只好转而向东谋求发展,楚国的势力发展到现在的河南南部和安徽的北部地区。齐桓公去世之后,尸骨未寒,他的儿子们便展开了残酷的争位，以至于齐桓公的尸体在停尸房的里面停放了数月也无人过问。最后臭气熏天，生蛆长虫。

由于齐桓公在位的时候就将太子昭托付给宋襄公，所以在这次夺位争斗之中，太子昭得以逃到宋国寻求庇佑。为什么齐桓公将自己的太子托付给国力并不强大的宋襄公呢？据史料记载，宋襄公素有贤德之名，曾经请求立兄长为君，从而获得了"让国"美名，齐桓公很看重他，因此将太子即位之事交付给他。

这时，齐国内乱不断。宋襄公看到之后仗义兴兵，打算率领诸侯平定齐国的内乱。他联合卫、曹、邾等国，将太子昭护送回国继承齐国的君位，太子昭即位，即为齐孝公。由于这场内乱，齐国的霸主之位开始动摇，并逐渐走向没落。中原陷入混战之中。

凭借着稳定齐国局势之事赢得的一些声誉，这个时候的宋襄公开始自大起来，于是他就自以为仁义昭著，让诸侯们奉自己为霸主。公元前641年，宋襄公邀请曹、邾、鄫等国在曹南会盟，共同商量对付楚国的策略。会盟的时候，因为鄫国的国君迟到，宋襄公当时就惩罚了他；又因为曹国没有尽地主之谊送羊给他，在这年的秋天，宋国就兴兵攻打曹国。

诸侯们很快开始对宋襄公的乱施淫威表示反感。于是，陈国提议在这年的冬天，鲁、陈、蔡、楚、郑、齐等国在齐国集会，以追念齐桓公的名义来表达对宋襄公的所作所为的不满。宋襄公看到中原的诸侯们不再听取自己的号令，于是想借助齐国和楚国的军事实力，镇压诸国。

公元前639年，宋襄公约齐孝公一起和楚国在鹿上（今安徽阜阳南）见面，约定于这年秋天在盂地结成联盟。宋襄公的哥哥公子目夷对于楚国痛快答应结盟之事深感忧虑，就劝宋襄公说，宋国本是小国，小国要争当霸主自然不会有好结果。但是，由于诸侯霸主的诱惑实在太大了，这些逆耳的忠言宋襄公根本听不进去。宋襄公前往盂地动身之前，公子目夷又提醒他，楚国人一向不讲信用的，为防有变，一定要带上军队。怎奈宋襄公听后却迂腐地认为自己应该遵守自己提出的不带军队的会盟建议，只带了一些随从就赶去赴会了。

果然，在会盟之时，楚人发动了早已埋伏好的军队，宋襄公被囚。楚国以宋襄公来要挟宋国。公子目夷伺机而逃，回到国内之后，团结宋国的国民抵抗楚国的大军。楚国见被抓的国君已经毫无意义，恰逢此时鲁僖公又出面进行调解，于是楚国人就送了个顺水人情，释放了宋襄公。宋襄公回国之后，对楚国言而无信的行为深恶痛绝，同时对诸侯们的见死不救的行为也很恼怒。但无奈怒气无处可发，于是，曾经在春秋初期短暂称霸诸侯，后来衰落的郑国成了他的出气筒。

郑国当时为了生存，像墙头草一样在楚国和中原诸侯之间左右摇摆。于是宋襄公就联合卫、许、滕等几个小国一起对郑国发起进攻。郑国只能向它的盟国楚国求救，楚国随即派兵救援。公元前638年，宋国和楚国的军队在泓水（今河南柘县北）相遇。宋军在北岸列阵等待的时候，楚军正在渡河，宋国的司马公子目夷认为楚国的军队人数众多，建议宋军应趁楚军渡河混乱的时候发起进攻。宋襄公顾及仁义之师的名声断然拒绝了目夷的建议。

当楚军渡过泓水，正在排兵布阵混乱的时候，公子目夷又劝他趁楚军还没有稳定下来的时候对楚国发起进攻，宋襄公再次拒绝了目夷的建议。等到楚军排好阵仗，他才下令击鼓进攻。楚军采取两翼包抄的战术，让宋军四面受敌，陷入的困境，虽然宋襄公本人英勇杀敌，但因为两军的实力相差悬殊，结果，宋军伤亡惨重，宋襄公虽然凭借死战得以突围，但腿部却受重伤。

宋军战败之后损失惨重，朝野上下对宋襄公不听公子目夷的意见颇有怨言，他却不以为然。不久，宋襄公因为泓之战的箭伤复发去世。霸主之梦也随之成了笑柄。

秦穆公嬴任好——横扫西戎的霸王

> 人物名片

秦穆公（？～前621），是春秋时期秦国的君主。姓嬴，小名任好，谥号穆。秦穆公在位三十九年（公元前659年～前621年）。他是当时春秋五霸之一。秦穆公即位之后，励精图治，选贤任能，在位期间招揽的人才有百里奚、蹇叔、丕豹、公孙支等人，并将这些人置于要职。周襄王在位期间，曾派兵攻打蜀国与函谷关以西的许多国家，疆域达到千里，所以周襄王任命他为西方诸侯之伯，称霸西戎。

人物风云

晋文公创建宏伟霸业的前后，秦国与楚国先后出现了秦穆公与楚庄王两个精明能干，励精图治的君主，与此同时，这两个国家向晋国发起挑战，严重威胁到了晋国的霸业。

西周末期，当时的秦国还只是一个三流的国家，被其他诸侯国看成是"蛮夷"，完全不放在眼里。公元前771年，周幽王惨遭犬戎部落的攻击，秦襄公亲自率领军队援救，而且还亲自率领军队护送周平王东迁。念及秦襄公的功绩，第二年，周平王封秦襄公为诸侯，同时赐其岐山以西的大片土地，同时下令将此处的戎人赶走，一个不留。从此以后，秦国与戎狄展开了激烈的战争。

而在不断的争夺中，秦国的地位得到了巩固，疆域也不断扩大了，后来，秦国将都城定在雍地，秦国的势力不断强大，逐渐成了东周诸侯国之一。历经一百多年的时间，秦国的每一位君主都在为之不断努力着，秦国在西方的势力不断加强，尤其是进入春秋时期之后，原来属于西周的陕西境内的大片疆域，大多数都成为秦国的领土。秦穆公即位之后，秦国不论在政治、经济与文化等各个方面均有了突飞猛进的发展，综合实力已经非常雄厚，是当时数一数二的强国。

秦穆公野心勃勃，在位期间，力图东进，于是他先向晋国的献公求婚，希望晋献公可以将女儿下嫁于他，给他做夫人。为了扩充国家的军事实力，使秦国更加强盛，秦穆公开始礼贤下士，招揽人才，不管是文臣还是武将都招揽到自己的麾下。

在这些颇具才能的谋臣与武将的大力辅佐之下，秦国一步步走向强大，不管是政治、经济、军事等各个方面都有了很大的突破。然而，秦穆公的目的并不在此，他的野心并没有得到满足，他真正的意图是进军中原。为了打开通往中原的道路，公元前628年，在知道郑、晋两国的君主都已经去世的消息之后，秦穆公不顾大臣的极力劝阻，一心要越过晋国直接偷袭郑国。秦穆公被一时的利益冲昏了头，完全没有顾及到晋国的感受，晋襄公哪里受得了这样的屈辱，为了维护晋国的霸业，决定给秦穆公一点儿颜色瞧瞧，准备在秦军胜利返回的时候，在崤山的险要之地埋下重兵伏击秦军，将其全部歼灭，以消心头之恨。

十二月，秦穆公派大将孟明视等精明的将领率领大军突袭了郑国，胜利而回。第二年春天，在孟明视的指挥之下，顺利度过了崤山的隘道，在到达滑国境内时，碰巧遇到了赴周王室倒卖牛的郑国商贩弦高。聪明机警的弦高立刻断定，秦军肯定是去突袭自己国家的，便一边假借郑国君主的名义，用十二头牛犒赏秦军，分散他们的注意力，拖住秦军，一边秘密让人日夜兼程、快马加鞭回郑国报警。孟明视误以为郑国一定早已经有了防备之心，于是便放弃了侵略郑国的计划，但是两手空空回国又感觉不甘心，就想在回去的途中路经晋国，顺手将晋国灭了。

同年四月，当秦军再一次经过崤山隘道的时候，遭到了以逸待劳的晋军的突袭，晋襄公早已将生死置之度外，身穿丧服亲自进行督战，将士们士气大振，一个个奋勇杀敌。秦军被逼到了隘道，处在进退两难的地步，士兵们惊恐大乱，全部被歼灭，三位主将也成了晋军的俘虏。自此，秦、晋结下深仇，之后的五年时间，两个国家之间发生数次战争，一次比一次惨烈。

公元前624年，秦国终于在王官一战中大败晋军，胜利凯旋，一雪崤山之耻。崤山一战之后，秦穆公了解到晋国不容小觑，他们的综合国力相当雄厚，目前东出中原还仅仅是一个幻想而已。于是，秦穆公将自己的势力转而向西扩展，短短几年的时间，就消灭了戎族的国家共十二个，扩充了千里的疆域，直逼西戎。在西方势力的发展，使得秦国加速了和戎族的融合。

公元前621年，秦穆公去世，葬礼举行得相当隆重，共用一百七十七人为秦穆公殉葬，这也是自从周朝建立以来用人进行殉葬数量最多的一次，当时秦国非常有才干的子车氏"三良"也被列入了殉葬的行列。秦国百姓感到悲痛不已，特作《黄鸟》诗一首以寄托他们的哀思之情，同时也充分表示了百姓对于以人殉制度的无比愤恨，一直到现今这首诗都记录在《诗经》中。

秦穆公去世之后，其继承者们都非常有才能，但都没有很大的野心和魄力，因此，一直到春秋末期，秦国也没能在政治舞台之上有过特别突出的表现。

楚庄王熊侣——一鸣惊人的楚国君主

人物名片

楚庄王（？～公元前591年），也被称为荆庄王。楚庄王姓芈，熊氏，名侣，谥号为庄。楚庄王是楚穆王的儿子，是春秋时期楚国历代君主中最有成就的一位，为春秋五霸之一。在楚庄王即位之前，楚国的综合国力较其他诸侯国弱，所以一直被排除在中原文化之外。而楚庄王即位之后，成为中原霸主，不但让楚国逐渐变得强大，而且威名远扬，与此同时楚庄王还为华夏的大一统与中原民族精神的形成起到了积极的作用。楚庄王于公元前613年即位，共在位二十三年之久。后人对他的评价颇高，关于他的一些典故，比如"一鸣惊人"等成语，至今仍在传颂。

人物风云

晋文公离世之后，晋襄公继承君位，登上了国君的宝座，受父亲的影响，晋襄公励精图治，选贤任能，短短几年的时间，就将国家治理得更加强大。当时晋国处于天下的霸主的地位，无人能与之相抗衡。但晋襄公死后，晋国就逐渐失去了天下霸主的地位。因为另外一个霸主正在积蓄力量，马上就要取而代之了。

公元前613年，楚庄王登上国君的宝座，成了楚国的新任国君。楚庄王登基之初，每天吃喝玩乐，游手好闲，喝酒打猎，对国家的一切事情都不上心。为此，楚庄王还特意下了一道命令，说："如果谁不怕死，就可以前来进谏，到时不要怪本王不留情面，求情者也一并斩首！"大臣们虽对楚庄王早有不满，却不敢劝谏。这样的日子楚庄王过了三年，在这三年的时间里，楚国大多数的附属国都逐渐脱离楚国的控制，投靠别国，而且楚国的百姓也慢慢有了反叛之心，可以这样说，楚国已到了山穷水尽的地步，下一步就要面临亡国的危险了。

楚庄王的行为实在是太过分了，身为一国君主竟然如此荒唐，大臣武举决定觐见面圣，不管使用什么方式，即便是死也在所不惜。有一天，伍举进宫对楚庄王说："就在前几日，臣在民间听说了一个谜语，觉得非常有意思，但是臣下愚钝猜不出其中的奥秘，就想要和大王一同分享，希望大王您可以帮愚臣猜一下。"

这时的楚庄王正搂着两个国色天香的美女喝酒、玩乐，他醉醺醺地说道："好吧，你先说说看，让本王来猜一猜。"

伍举便抖了抖精神，说道："有一只小鸟停在树上，三年的时间也没见它飞过，哪怕是扑腾一下翅膀都没有，叫就更不会了，请问大王这到底是什么品种的鸟呢？"

楚庄王虽然喝醉了，但是心里却十分清楚伍举口中说的那只鸟就是自己，因此他便说："你有没有听说过不鸣则已，一鸣惊人，它之所以三年没有飞一次，那是因为它想要一飞冲天，三年不叫，那是因为它想要一鸣惊人。你先行退下，本王明白你的意思了，也知道在该怎么做。"武举听后窃喜，心想：这次大王终于改邪归正，也不枉我冒死觐见了。

但是，在之后的几个月里，楚庄王不但没有好转，反而比原来更加荒唐了，完全没有悔改之意。

大臣苏从忍受不了了，决定进宫，冒死向楚庄王直言进谏。楚庄王瞪大眼睛呵斥道："大胆苏从，你难道不怕本王将你处死吗？"苏从义正词严地说："若是臣的死，可以换回一个清醒的君主，大王从此可以振作起来，励精图治，好好治理自己的国家，那臣就没有什么可以害怕的了。"这样的言辞，感动了"铁石心肠"的楚庄王，他说道："你真的是太傻了。"

苏从诚恳地说："若是大王因此杀了我，那么我死之后，大家一定会说我是一个忠臣。若是大王继续吃喝玩乐，楚国马上就会面临灭亡，到时人们就都会说您是一位亡国的君主。这样一比，您是不是比我还要傻呢？"楚庄王思索了片刻，对苏从心平气和地说："我知道你所说的句句发自肺腑，均是良言啊，你请放心吧，我一定听你的，从此以后专心治理国家，做一位开明的君主。"

第二天，楚庄王真的改头换面，亲自管理国家的大小事务，治理国家，他竟在几天之内处死了好几百个奸佞的大臣。与此同时，还选贤任能，充分重用那些有能力的人才，选用了很多有才干的贤臣，楚国逐渐步入正轨。楚国百姓见楚庄王终于振作起来了，都很高兴。同年楚庄王就派出一支精锐军队灭掉了庸国。经过短短的三年时间，不管在经济、政治、军事等方面楚国都有了突飞猛进的发展。三年之后，楚庄王再一次派兵击溃了宋国，楚国的疆域得到了扩展。

之后，楚庄王派大将大败陈、郑两个国家，疆域再一次得到扩充。而楚庄王的野心并没有因此得到任何的满足，他想要的是霸主的宝座。

在积蓄多年之后，于公元前597年，楚庄王亲自率军在邲之战中击溃了当时天下实力最强大的晋军，成为新的霸主。

越王勾践——"卧薪尝胆"的君王

人物名片

勾践（？～前465年），姓姒，名勾践，又名菼执。春秋晚期越国的君主，于公元前496年即位。在与吴国的激战中大败，勾践屈服求和，臣服于吴，受尽苦楚。后来经过卧薪尝胆，发愤图强，一步一步走向强大。在公元前473年将吴国灭亡。

人物风云

春秋晚期吴、越两国之间争雄，这是当时继吴、楚相争后的又一次规模非常大的政治与军事争斗。当时的越国位于吴国南部，在吴、楚两国争霸最激烈的时候，趁着两霸无暇东顾之机，越国逐步发展壮大起来，不管在经济、政治、军事等方面都已经不容小觑，而且逐渐取代了楚国的地位，其综合实力完全可以与吴国争雄，因而成了吴国的劲敌。

越国位于今天的浙江绍兴境内，据说越国的开创者是夏代少康的儿子无余。相传到了夏王少康的时候，因为害怕大禹的断子绝孙，无法将香火延续下去，于是赐予他的庶子越地。越国建立之后，其经济、文化等各个方面都比较落后，正所谓弱国无外交，所以越国很少和中原地区的国家交往。就这样一直到了越王允常即位之后，越国才与吴国建立了直接往来关系，而且相互攻伐，战争不断升级。这时候，已经到了春秋末期了。

公元前496年，越国国君允常不幸去世，勾践继承君位，登上了国君的宝座。此时的吴王阖庐便趁着越国新君初立，派兵大肆入侵越国，在槜李两军展开激战，最终吴军损失惨重，大败而回，就连吴国君主阖庐也不幸被箭射中，身受重伤，没过多久就死在了撤军回国的途中。

阖庐去世之后，他的儿子夫差登基做了国君，发誓一定要打败越国，替父报仇。于公元前494年，夫差派重兵大举进攻越国，在夫椒一战中大败越军，而越王勾践损失惨重，只剩下五千甲兵狼狈逃往会稽山。为了免遭亡国的危险，勾践特意派大夫文种在吴国太宰伯嚭的引荐下让夫差同意勾践夫妇到吴国做人质，以此作为条件同吴国讲和。这遭到了吴国大臣的一致反对，力谏夫差不要相信勾践，但是吴王夫差完全听不进伍子胥的良言，竟然同意与越国讲和。从此以后，勾践便臣服于夫差，向吴称臣，夫妇二人也一同来到吴国做了夫差的马奴。

勾践夫妇在吴国受尽苦楚，过着人不人鬼不鬼的生活，但是"君子报仇，十年不晚"的道理勾践怎能不明白，就这样经过了三年的时间，他们二人才被赦免回到越国。在勾践回国之后，便下定决心报仇。为了磨炼自己，即使在冬天勾践也会用冷水洗脚、洗澡，而且脱光衣服抱着冰块，在夏天的时候也会将自己置于火堆旁边。不仅如此，他还将苦胆悬挂在房梁上，出入都会先用舌头舔一下，以此来记住当年所受的屈辱，而这就是历史上勾践"卧薪尝胆"的故事。

越王勾践的生活异常俭朴，出门的时候没有奢华的轿撵，也没有人跟随，就连平日里吃的食物也是清淡无味，身上的穿着更是简朴，每天勤于政事，从来不会忙里偷闲，更不会游山玩水了。为了深入了解百姓疾苦，他亲自耕田，自给自足，而他的夫人也亲自织布，为一家老小缝制衣服，其目的就是为了节省国家的开支，增强国家的实力。

在经济上，越国大力发展生产，且不断繁衍人口，越国的人口迅速增加。勾践还下旨国内免收十年的租税，鼓励生育，繁衍人口，而且严厉禁止年轻力壮的男子娶年老的女子为妻，年老的男子也不可以迎娶年轻的女子为妻。如果十七岁的女子还没有出嫁，二十岁的男子也没有娶妻，那么他们的父母就会被降罪。在妇女即将分娩的时候，需要向官府报告，官府会亲自派医生前往，直至顺利生产。如果生下男孩，就会送两壶酒，外加一只犬；若是生下女孩，就会送两壶酒，外加一头猪；若是哪一家有幸得了双胞胎，那么所有的花销均由官府提供；若是三胞胎，官府就会出资请保姆进行喂养。对于那些鳏寡孤独的百姓，国家都会提供相应的照顾措施。对于那些囚犯，也都会缓刑薄罚，以达到安定民心的目的。

在政治上，勾践实行整饬内政，礼贤下士的政策。勾践任用文种管理内政，重用范蠡管理军事和外交，选用计然管理国家的财政。勾践积极任用国内贤士能人，对他们施以优厚的待遇，让他们可以尽心尽力为国家效忠出力。

在军事上，勾践招兵买马，进行大规模的军事训练，按照里闾征集和编制兵员。与此同时，加强军事，制造利剑强弓，大规模训练"习流"水军，并且用重金对士兵进行言行上的教育，让他们可以服从命令、乐于立功。同时，勾践开始大兴土木，修筑城郭，加强边关防守。

在外交上，实行"亲于齐，深结于晋，阴固于楚，而厚事于吴"的政策。一面大力拥护吴王夫差与齐、晋两国争霸，一面又私下同齐、楚、晋等国家进行联盟。终于，多年的努力没有白费，越国逐渐走向强盛，不管在经济、政治、军事等各个方面都有了很大的突破，综合国力逐渐强大，现在要做的就是等待时机，击败吴王夫差，一雪前耻。

而吴王夫差在击败越国之后，认为吴国的国力雄厚，是不可战胜的国家，于是逐渐变得狂妄起来。他信任并重用谗佞小人伯嚭，对于伍子胥的忠言却置若罔闻。自从打败越国之后，夫差不断北上，为了更方便与中原的各个诸侯国争霸，吴王夫差下旨开凿邗沟，这条运河沟通了长江与淮河流域，工程浩大。

公元前484年，吴国与鲁国结盟再一次北上入侵齐国，不断骚扰齐国边境，在艾陵境内打败齐国的军队，而且还俘虏了齐国大夫国书，将八百辆兵车和三千甲士带回国，齐、鲁等几个诸侯国均臣服在吴国夫差的脚下。公元前482年，夫差邀请晋国的君主结盟，与其争夺霸主的宝座。

夫差为了争夺霸主的地位，曾经倾尽全国的精兵进行北上，国内仅留下了太子友和为数不多的军队看守都城姑苏。勾践听到吴王夫差亲自率领大军北上的消息之后，认为报仇雪恨的时机已经到来，便亲自率领越国精锐部队浩浩荡荡向吴国进军，与吴军展开一场激烈的大战，其规模前所未见，最终吴军大败。只用了很短的时间，越军一举击败吴国，并攻占了吴国的都城姑苏，俘虏了吴太子友和三员大将，在姑苏城内放了一把火，将其烧得片瓦不留。

当时，吴王夫差正在黄池和晋国争夺霸主之位，双方实力相当、相持不下，在听到这个消息之后，急忙完成会盟，火速回国，但是为时已晚，只能夺回已经是残垣断壁、一片狼藉的都城，只好选择与越国讲和。从公元前475年起，越军包围吴国都城姑苏城长达三年，姑苏城再一次被攻破。夫差出城请降，希望勾践可以念及当年的情分，可以同自己当年待越国那样，允许吴国向越国俯首称臣。勾践本打算答应夫差，但是此举遭到了范蠡的坚决反对。走投无路的情况下，夫差被迫选择了自杀。

勾践不但要灭吴国报仇，而且还想要学习夫差称霸中原。在勾践灭了吴国之后，便立即率军北上渡过江、淮流域，与齐、晋等诸侯国于徐州会盟，向周元王致贡。为了表达自己的诚意，周元王特意派人赐予勾践祭肉，封为侯伯。勾践率大军回国，将淮上的大片土地归还楚国，还将当年侵夺的宋国土地拱手奉还。越军在长江、淮河流域横行，每年都会有诸侯进行朝贺，这俨然是霸主才能具备的风采。

吴王夫差——被狂妄自大害死的君主

> 人物名片

吴王夫差（？～公元前473年）又被称为吴夫差。夫差是春秋晚期吴国的国君。夫差是吴王阖庐的儿子。姓姬，吴氏，小名夫差。吴王阖闾死后，夫差登基做了吴国的君主，夫差即位之初，励精图治，大败越王勾践，一度让吴国达到兴盛。由于夫差生性狂妄自大，在位后期，在生活上挥霍无度，对外国更是穷兵黩武，曾多次北上和齐晋争夺霸主的地位。在黄池之会的时候，勾践趁虚而入，攻占了吴国，吴国从此陷入危机，一蹶不振。于公元前473年，勾践灭吴，夫差被迫自缢而死。

> 人物风云

在经过了弭兵会盟之后，中原各国均被卷入了的激烈争斗中，而此时此刻，地处南部的吴国和越国两个国家趁机逐渐强大起来，其中的两位君王还先后被后人尊为霸主，可见其实力雄厚，不容小觑，但是夫差生性狂妄自大，自以为是，而这正是因为他的狂妄最终将自己送上了身死国灭的绝路，真是可悲。

如果说到吴国的兴盛，就要追溯到吴王阖闾在位时期了，当时阖闾器重伍子胥与孙武等人，而且让他们身兼要职，多次大败楚国的军队，领土不断扩大，不断向西方推进，而作为邻国的越国，势力较弱，不想任人鱼肉，便联同楚国一起抵御吴国的进攻。越国国君允常离世之后，他的儿子勾践顺其自然成为越国的君主，吴王阖闾趁着越国新主即位，根基不稳的时候大肆侵扰越国边境，却不料越王勾践早就有所准备，阖闾在此次战争中不幸中箭身亡。

阖闾死后，夫差继位，发誓要灭越国为父亲报仇。为了实现自己的愿望，在即位之初，夫差便开始大力整顿甲兵，向越国一次次发起猛烈的进攻，越国综合国力本就不及吴国强大,战败也是情理之中的事,而上次之所以可以伤到阖闾,完全是由于阖闾过于自信,根本没有将越国放在眼里。更何况现在的夫差身负国仇家恨,士兵的气势自然十分高涨。吴国来势汹汹,越王深知吴国是真的要拼命了,所以不敢轻敌,便亲自率领大军前去会战。于公元前494年的时候,吴军大败越军,最后越王勾践仅存五千甲兵。狼狈退回会稽山,之后特意派文种前去向夫差求和。

文种到吴国之后,觐见夫差的时候,匍匐着身体,诚惶诚恐,不敢有一丝怠慢,见到夫差时,说道:"大王,请您本着一颗仁慈的心,手下留情,放越国一马吧,现在的越国已经面临亡国的危险,所以我们心甘情愿俯首于吴国,做吴国的奴仆,只要大王您一声令下,越国均会为大王效命!"

夫差本就是一个狂妄自大的君主,看到自己的杀父仇人对自己俯首称臣,这就大大满足了夫差的虚荣心,夫差反而不想杀掉勾践了,而要留着他,慢慢地折磨他。夫差的言行遭到了大臣伍子胥的极力反对,伍子胥劝谏夫差说:"大王请三思,勾践万万留不得,必须斩草除根,才能永绝后患,难道你全然不顾你的杀父之仇了吗?"但是太宰伯嚭则说:"大王本是仁君,应当以仁爱之心治理天下百姓,既然勾践已经臣服于吴国,那就是吴国的百姓,所以大王还是手下留情,不要赶尽杀绝才好,越国已经臣服于您,这样的结局不是非常好吗?"夫差仔细思量一番,最后没有听从伍子胥的劝谏,饶了勾践一条性命。

其实,文种对于伯嚭早就有所了解,知道他为人贪婪,因此在面见夫差之前就已经贿赂了这个人,希望他到时可以替越国说话。因为这件事,伍子胥感到非常不满,怒气冲冲地指着夫差说:"大王,难道你真的将自己的杀父之仇抛于脑后了吗?"吴王夫差哪里会将伍子胥的话放在心上,认为他已经年迈,为人处事固执,所以就没有在意他。

勾践在会稽一战兵败之后,便携同家眷与范蠡等一行人来到吴国,为夫差做起了马奴。勾践等自从来到吴国之后,做事勤勤恳恳,十分敬业,甘愿当牛做马,这样一来夫差的虚荣心得到了满足,看着心里真是舒畅,心里暗自窃喜:我总算是为父亲好好地出了一口气。自以为是的夫差全然不知养虎为患的道理,当初没有杀掉勾践成为他这一辈子所犯的最大的一个错误,并且为此付出了沉重的代价。在吴国，勾践忍辱负重，为进一步博得夫差的信任，还将美女西施献给夫差。当看到西施的第一眼，夫差就被她迷住了，西施的一番话胜过大臣的千言万语，比伍子胥的"逆言"管用多了。

勾践在吴国待了三年的时间，在这期间伍子胥曾多次劝谏夫差杀了勾践永绝后患，但是夫差完全把它当作耳旁风，尤其是看到勾践做奴才的样子，怎么会有反叛之心呢？试想一想有谁会甘心为别人做牛做马，更何况勾践还是一位君王。

夫差对勾践逐渐消除了戒心，于是北上不断对齐国发起进攻。这一次伍子胥斗胆劝谏夫差说道："大王，攻打齐国不可急于一时，位于我们后方的越国对我国一直虎视眈眈，想找机会对我们下手，若是不早一点将其铲除，将来定会成为我国一个强有力的对手。"夫差固执己见，执意派兵攻打齐国，而这次战争吴国大胜，这就更加助长了吴王夫差的嚣张气焰。伍子胥知道夫差过于狂妄，便对他说道："大王千万不要高兴得太早了！"夫差本来心情非常好，那里会知道伍子胥竟会泼自己的冷水，他怎会不生气呢。伍子胥见到夫差如此不知悔改，便要自缢以表忠烈，夫差见状连忙将其阻止了下来。

此后，夫差依旧对晋、齐两国发动进攻，伍子胥也曾多次良言相劝但都不见成效。在几次战役中，夫差均打了胜仗，所以越发的得意忘形，甚至觉得自己天生就是打仗的材料，吴国是战无不胜的，就连周天子他都没有放在眼里。中原的各个诸侯国又怎会甘心，他们可从没有受过这样的窝囊气，但是吴国的军事实力强大是不争的事实，也只能暂时忍气吞声，慢慢积蓄自己的力量。

就在这时，越国在勾践的治理之下逐渐发展起来，勾践任用贤士，在文种的大力辅佐之下，越国举国上下团结一心，同仇敌忾，决心一定要报仇。而此时沉浸于胜利，得意忘形的吴王夫差又怎会知道危险正在一步步逼近？依旧过着纸醉金迷的快活日子。大夫文种以向吴国借粮来刺探吴国对越国是否有防范之心，伍子胥知道后便极力劝阻夫差，但夫差一意孤行将粮食借给了越国。

伯嚭早就想独揽大权，因为有伍子胥在，他才没有得逞，所以就一门心思地想要将伍子胥赶走，便借机向夫差说道："大王可还记得，伍子胥连父兄的生死都可以毫不在乎，又怎么可能会为大王尽忠尽孝，你难道不知道他马上就要背叛您而投奔齐国了吗？"夫差没有将他的话放在心上，而是派伍子胥任使者出使齐国，谁知伍子胥到了齐国以后，竟然把儿子托付给齐国的鲍氏抚养。

夫差见到这种情况就逐渐对伍子胥产生了疑心，赐伍子胥一柄短剑，命其自杀，伍子胥在接过短剑的那一刻，大骂道："还记得当初邀请我和你一起管理国家，想将吴国分一半给我，但我并不敢有这种奢望。现在你居然会认为我对你不忠，我死以后，希望你不要后悔才好！"

之后，吴王夫差继续对外作战，而且连连胜利，夫差自以为做中原霸主的时机已经到了，于公元前482年，亲自率领大军北上，邀请各个诸侯于黄池举行会盟。夫差把全国的精良部队全部带了过去，算得上是倾巢而出，其目的就是为了显示自己的强大实力，让各个诸侯臣服于自己，尤其是实力强劲的晋国。

夫差北上，只将一些老弱病残留在国内，越王勾践当然知道这是一个千载难逢机会，于是立即发兵向吴国展开猛烈的攻势。当时的夫差正在忙着与诸侯会盟无暇东顾，不断有使者前来报告军情，他自认为开弓没有回头箭，要是自己因此而仓皇撤军，别说是称霸中原，各个诸侯国国君不落井下石就已经是千恩万谢了，于是一连杀死了七个前来报信的使者。

夫差迅速赶回国中，果然见到越军前来袭击，对自己的行为悔恨不已，尤其是当初一意孤行，没有听从伍子胥的忠言，但是后悔已经晚了，吴国都城已被攻破，太子友也一命归西。越王勾践看到吴军的主力回国，便立即下令撤兵，与吴国言和。

三年之后，越国又一次入侵吴国边境，而此时的吴国已是强弩之末，根本不是越军的对手，眼见越军攻占都城，夫差希望勾践可以善待自己，而勾践也于心不忍，有意放过夫差，但范蠡劝谏勾践，说："上一次之所以会兵败会稽，是上天的旨意，帮助吴国，但是夫差没有遵从天命，现在我们有了这样好的时机，所以大王一定不可以违背上天的意愿，一定要杀了夫差，永绝后患。"勾践仔细思量之后，觉得很有道理，于是便要准备赐死夫差，夫差得知自己的死期已到，便自杀向伍子胥谢罪，夫差死后，吴国灭亡，从此淡出了政治舞台。

秦孝公嬴渠梁——敢于变法图强的明主

▶ 人物名片

秦孝公（公元前381～前338），是战国时期秦国的君主。秦孝公，姓嬴，名渠梁。是秦献公的儿子。公元前362年登基，在位二十三年之久。秦孝公曾经重用商鞅（即卫鞅）进行一系列的变法，奖励耕战，而且将都城迁至咸阳，也就是今天的陕西咸阳，设置县制行政，广开阡陌，巩固统治，加强中央集权，奖励农业生产。在对外政策上，秦国和楚国签订盟约，并且实行和亲政策，与韩订约，联合齐、赵攻打魏国，拓展自己的疆域一直到洛水的东面。秦国的国力日渐强盛，为秦国统一中国奠定了坚实的基础。谥号为"孝"。

▶ 人物风云

在战国前期，秦国是一个非常落后的小国，其他六国都欺辱秦国，不和秦国结盟，当时的秦国被叫做西戎。公元前361年，年仅21岁的秦孝公登基。秦孝公即位之初，秦国处于一片混乱之中，民心不稳。年轻的秦穆公倍感压力之大，之所以这样说，是因为秦国当时外受强国的欺凌，内部王宫贵族的掌权，专横跋扈，于是秦穆公决定发愤图强，一定要改变秦国落后的面貌，让秦国走向强大。

为此，秦孝公求贤若渴，为了求得贤才，秦孝公颁布了"求贤令"。秦孝公下令："若是有可以为我秦国出谋划策，帮助秦国走向强大的人才，我一定会赐予他官职，甚至与他共拥天下都没有关系。"而这时在卫国得不到重用的商鞅听说"闻是令下"这件事，便千里迢迢从卫国来到秦国觐见秦孝公，但是一开始商鞅对于秦孝公的真实目的并不是非常了解。

在孝公第一次传召商鞅的时候，商鞅说了许多"帝道"一类非常空洞的话题，以至于秦孝公"时时睡，弗听"。在秦孝公第二次接见商鞅的时候，商鞅说得非常多，但同样是一些"王道"之类的大话、空话，秦孝公对此非常不满意。在第三次面见秦孝公的时候，商鞅与秦孝公谈到了"霸道"的话题，秦孝公顿时感到"可与语矣"。

当孝公第四次召见商鞅的时候，商鞅"以强国之术说君"，而秦孝公"不自知膝之前于席也"，"语数日不厌"。秦孝公在第四次召见的商鞅时，表现出了自己求贤若渴的心情，同时，也表现了自己的宽容与耐力。同时商鞅还了解到，秦孝公实际上是一个非常讲求实际的人，对那些空洞无物的大道理根本不感兴趣。多次与商鞅交流的过程中，秦孝公对商鞅的印象非常好，而且觉得商鞅变法想法非常独特，因此商鞅很快得到了重用，积极支持商鞅变法。所以，秦孝公的奋发图强的前提就是商鞅变法，但若是没有奋发图强的秦孝公，就不可能存在商鞅变法。

改革本来就是推翻以前的旧体制，建立全新的体制，在历史上，历朝历代的改革一定会触及到许多既得利益者，也必然会遭受到来自各个方面的反对。对此，秦孝公并没有实行任何强制压迫的措施，而是选择将所有的大臣聚集到一起进行商讨辩论，最终达到以理服人的目的。这样，既可以让主张变法的商鞅有话可说，也可以让反对变法的甘龙与杜挚等人说话，秦孝公秉持公平公正的态度，让他们一个个将自己想要说的东西全部都讲出来，就好像是一场辩论赛一样，到最后看看谁说得更有道理。一直到商鞅用无可辩驳的言论，让反对变法的一派哑口无言的时候，变法才可以实行。而这也充分说明了，秦孝公是一个圣明的君主，本着民主的心态，善于听取大臣的不同意见，同时秦孝公也是一个善于统一思想的君王。最后，商鞅用自己的三寸不烂之舌，战胜了反对派，取得了变法的通行证。

秦孝公既然任用商鞅，就会对他的信任始终如一。在改革之前，商鞅曾经请求秦孝公应承他的三个条件，其中最重要的就是君主对于主持变法的变法大臣要深信不疑，不可以受到影响，中了别人的离间之计。否则，定会落得一个权臣死、法令溃的悲惨下场。秦孝公深知其中的要害，欣然答应了，还说："三百年来，实行变法的有功之臣均死于非命，这本就是国君的罪过。你和我贵为君臣，您忠我一世，而我也定不负君！"孝公一言既出驷马难追。也正是由于这样的信任，才可以让商鞅放开手脚大肆实行改革。

商鞅经过两次大刀阔斧的变革举措，让秦国逐渐摆脱了贫困，一步步走向富强，不管在军事、政治、经济等各个方面均有很大的突破。商鞅变法作为先秦时期最为彻底的一次变革，它不但废除了王爵世袭的特权，还规定依照军功的大小赐予爵位与田宅。

公元前358年，秦孝公发兵讨伐韩国，秦军在西山（熊耳山以西）击败了韩国军队。公元前356年，秦孝公任命商鞅担任左庶长实行变法。变法内容包括：制定严厉刑法，推行以法治国的政策，赏罚分明，奖励军功。

公元前352年，秦孝公晋升商鞅为大良造，派兵进攻魏国的安邑城，大获全胜。第二年，秦军偷袭了魏国的固阳城，一举攻入赵蔺。

公元前350年，商鞅实行第二次变法，秦孝公有意迁都咸阳，同时废井田，统一度量衡，设置郡县制。同年，孝公下令让商鞅修筑咸阳城。咸阳又被叫做渭城，第二年，秦孝公移都咸阳。秦孝公大力支持商鞅变法，公元前346年，太子驷触犯了刑法，刑其师傅公子虔，于是便有了"法大用，秦人治"的说法。自此之后，秦国在最短的时间内成为了政治制度最先进、经济实力最强、军力强盛的国家。

公元前341年，秦军攻打魏国西鄙。第二年，商鞅协助秦孝公第二次进攻魏国，魏国是秦国统一六国的关键，若是成功，可以起到挟制诸侯国的作用，成就霸业也指日可待。同年，商鞅用计将魏军的大将公子卬诱捕，一举歼灭魏军，魏王为了求和，迫不得已只能献上河西地。之所以可以如此顺利，商鞅功不可没，为了奖励商鞅，秦孝公特地赐予商鞅商地，所以才有了商君和商鞅的称号。

公元前338年，秦孝公去世。

燕昭王燕职——燕国辉煌时代的缔造者

人物名片

燕昭王（公元前335年～前279年），姬姓燕氏，名职，战国时期燕国的第三十九任君王，燕王哙的儿子，又被世人称为昭王或是襄王，于公元前312年即位，在位三十三年之久。原本在韩国作人质，燕王哙去世之后，燕人便一致推荐他为燕昭王，派乐毅讨伐齐国，接连攻克七十余座城。

人物风云

公元前314年，燕国内部发生内乱，政局动荡不安，内部纷争不断，齐宣王借此机会派兵攻占燕国，将燕国的国库掠夺殆尽，收兵回国。

在齐国的大军撤退之后，燕国便拥立了一位新国君，这个人就是燕昭王。燕昭王即位之初，励精图治，很有作为，当他看到自己的国家贫穷、衰弱，百姓不能够安居乐业的时候，心里很是难过。所以燕昭王发誓一定要让燕国强大起来，一定要让燕国的百姓过上幸福安乐的生活，将来一定要和齐国决一死战，一雪燕国所受的耻辱。

燕昭王心知肚明，如果想要让国家走向富强，第一步就是要有可以辅助自己治理国家的贤臣谋士。于是，他立即发布命令四处招集人才，但是过了好久，他连一个可用之才都没有找到。正当燕昭王一筹莫展的时候，有一个人对他说道："据我所知，咱们国家的元老级人物郭隗非常有才干，颇有见识，您可以请他出山，请教一下他，看看他有什么好的办法。"

第二天，燕昭王亲自来到郭隗的家里，他诚心诚意对郭隗说："看到自己的百姓受苦受难，我实在于心不忍，所以我想要自己的国家富强起来，等到时机成熟，向齐国报仇，但是没有人才可以任用，您有什么方法可以帮助我找到治理国家的人才吗？"

郭隗见燕昭王如此诚心诚意，便说："其实，老臣也没有遇见过非常有才识的人，实在没有现成的人才可以介绍给您，但老臣听说过这样一个故事，可以讲给您听，希望您听后，可以悟得其中的道理，对您今后有所帮助。"

燕昭王满口答应："好的，那么请您开始讲吧，我听着就是。"

郭隗说："在很久很久以前，有这样一位君主，他对千里马情有独钟，可以说是到了痴迷的程度，因此派人四处给他寻找千里马，但是三年过去了，连一根马毛都没有找到，国君大怒。但是后来有一个大臣了解到在遥远的地方，有千里马的踪迹，他便对国君说道'大王，我可以为你去找千里马，但是我有一个要求，请您赐给我一千两金子，我有了这些金子，就一定可以帮您将马买回来的。'

国君一听，龙颜大悦，立即下令赐予那位大臣一千两金子，命他务必要将千里马寻来。于是那位大臣快马加鞭、日夜兼程赶往马场，但是当那位大臣匆匆赶到的时候，那匹千里马已死。那一个大臣害怕极了，因为怕自己两手空空的回去，会受到国君的责罚，可能还会因此丢了性命，所以拿那一千两金子将千里马的骨头买了下来。

回国之后，国君见到那位大臣买回来的只是一堆骨头的时候，立即龙颜大怒，用非常严厉的口吻怒骂那位大臣：'我是叫你去帮我买千里马，谁知你竟然买了一堆死马的骨头回来，你可知罪吗？'而那位大臣却不慌不忙地说道：'若是百姓得知您连已经死了的千里马都可以花大价钱买回来，您还担心别人不争着抢着把活着的千里马卖于您吗？'国君听后半信半疑，便再没有责骂那位大臣。国君花重金买千里马骨头的事情立刻在城里传开了，人们都知道当今君主是一位爱千里马如命的人，在短短一年的时间里，各地的百姓就给国君献上了好几匹品种纯正的千里马。"燕昭王聚精会神的听着这个故事，逐渐陷入了深思。

郭隗接着说："若是您想要得到人才，不妨先将老臣当作千里马的骨头试一试，您意下如何啊？"

燕昭王茅塞顿开，明白了郭隗之所以讲这个故事的用意，于是他便立即回宫，并且下令为郭隗造一幢豪华的房子，让他可以安享晚年，且他把郭隗当作自己的老师一般对待。这件事情立即在民间传开了，其他诸侯国的人才也知道了燕昭王是一个重视人才的仁君，因此纷纷来到燕国，希望可以为燕昭王效力。不久，燕昭王就聚集了一大批可用之才，其中有一个人非常出类拔萃，颇具才干，这个人就是乐毅。

在燕昭王的不懈努力之下，燕国一步步走向强大，不管在经济、政治、军事等各个方面均有了很大的突破。这个时候的齐国，齐宣王已经离开人世，他的儿子齐闵王顺其自然成为齐国新一任国君，而这个齐闵王是一个骄傲的人，不断派军队攻占其他国家，早已失去民心，很多国家都开始向齐国报仇。

公元前284年，燕昭王任命乐毅为大将军，联同秦国、赵国、韩国和魏国等国家一同出兵攻打齐国，齐国寡不敌众，就连自己的都城也没能守住。燕国大胜，齐国的国库被燕国军队搬回了燕国。燕昭王终于没有辜负人们的期望，实现了自己的愿望，逐渐让国家走向强大。

赵武灵王赵雍——推行"胡服骑射"贤主

人物名片

赵武灵王（公元前340～前295年）是战国后期赵国君主，名雍，嬴姓赵氏，死后谥号武灵。赵武灵王是一个杰出的政治家、军事家、军事改革家。赵肃侯之子。赵武灵王在位时，推行"胡服骑射"，赵国因而得以强盛，灭中山国，败林胡、楼烦族，辟云中、雁门、代三郡，并修筑了"赵长城"。在赵武灵王统治赵国之前，赵国基本处于被欺压和挨打的境况，尤其是魏国攻进了赵国都城，使赵国面临十分恶劣的情况，后来就连中山国这样的中等国家竟然也敢趁机欺负赵国。到了赵武灵王统治时期，面对赵国严峻的形势，他决心发愤图强，力图改革，积极治理国家，从而使赵国也开始变得强大起来。

人物风云

由于赵国地处北面，并且与胡人接壤，使得赵国与胡人之间打了不少大大小小的战争，从而使赵国和胡人的接触频繁，加强了双方在社会文化的交流。在赵武灵王即位之后，面对赵国严峻的现状，他励精图治，积极治理国家。由于经常和胡人的接触，使得他想到如果赵国能学习胡人在骑射上的优点，用在赵国的军事发展，这对赵国的发展是有很大的帮助的。其实，赵武灵王这个称呼是后人追加的一个封号，并不是他自封的，后来在五国相王后，他又取消了这个王号，从此就以诸侯来自居。

胡人最大的优点就是十分擅长马上骑射作战，这就与他们所穿着的衣服有很大的关系，胡人穿的上衣为短衣紧袖、皮带束身、脚穿皮靴，这使得他们的士兵在马上能够很方便的和敌人作战。而那时的中原人都身穿着宽袖长袍，在马上行动很不灵活。若论用兵的计谋和车兵的实力，胡人肯定比不过中原各国了，但是，单拿骑兵来说，那么中原各国就不能够与之相抗衡了。赵武灵王也正是看中了这一点，才决定好好学习胡人的这个长处，来发展赵国的军事。

赵武灵王想好之后，就把想让百姓穿短衣胡服这件事告诉了他的亲信大臣楼缓，楼缓这个人既聪明又能干，在听完赵武灵王说的这个想法后，立即表示十分同意。之后赵武灵王又找来当时的相国肥义，与其商量此事是否可行，肥义听完这个想法后，当场就表示非常赞同，并鼓励道："做大事的人就不能犹犹豫豫，否则就会首鼠两端必然会一事无成。我听说过，舜曾经就向有苗氏学习过他们的舞乐，而大禹治水时途经'裸国'时，也入乡随俗，很自然地光着膀子，因此，改变穿着服装的习惯也不是一件不可行的事请，只要是利国利民的事，我们就应该果断地去做！"

相国肥义的这一番话，让赵武灵王更加坚定了改革的决心，他很快命人找来了一套胡服穿在了自己的身上，并且发誓道："我下定决心要改变赵国百姓穿衣服的习惯，同时也要教民骑射。如果世人要嘲笑我的话，就让他们去嘲笑去吧。不管怎么样，我都要这么做，因为我下定决心将来必须要拿下胡地和中山国，所以改革必须实施。"

要去改变人们早已经习惯的想法，还是有很大难度的，毕竟这是祖祖辈辈们经过无数岁月变迁留传下来的一种穿着样式，如果有人想要去改变它，恐怕人们一时还不能接受，更何况这是在学与他们世代为敌的胡人的穿着样式。赵武灵王自己也知道做成这件事会很不容易的，所以他就先派人去告诉了在朝中最有威望的大臣公子成——赵武灵王的叔父，说不但自己将要穿胡服，并且想要改变赵国的穿着样式，希望叔父支持。

公子成听完了这话之后就大为震惊，并且执意反对，并说："如果你真的这样做了，就会使赵国被那些中原各国看作蛮夷之邦，那时如果想要与这些国家再搞好外交可就会更不容易了，所以我坚决不能同意此事！"赵武灵王知道公子成的看法后，就身穿胡服亲自去拜访了公子成，并很诚恳地对他说道："我之所以这样做也是为了将赵国发展得更加强大，并且还可以很好的对付宿敌胡人和中山国，所以我希望叔父你不要因为所谓的顺从风俗从而忘却了先人之耻，我们必须要报仇，因此一定要打下中山国，这样的小小的改变，对我们的大业有莫大的帮助啊！作为一个统治者，我们不仅仅要看到别人的优点，同时也要学过来为己所用，不断提升自己国家的实力，来打击毁灭一切敌人。"

公子成听了赵武灵王的话后，幡然醒悟，认为他说得非常有道理，就欣然接受了这件事，到了第二天，这两人都身穿短袖胡服去上朝，其他人看见了，都感到十分惊讶，认为胡服分明就是野蛮民族的人才会穿着的服饰，大臣们抵触情绪很大，但是又碍于本国君王的权威，也就勉强地跟着穿起了短袖胡服，抛弃了长袍宽袖的衣服。不久之后，赵武灵王就正式下达让全国人都改穿胡服的法令，并且淘汰战车，改为学习骑马射箭。

不过此事在全国实施的过程中，也受到了小的一些波折。那就是一些地方官员思想腐朽，不赞同君主的这种做法，全国怨声很大，甚至还有人认为赵武灵王根本就不适合当赵国的国君，但是这些地方上的官员又怎么能撼动得了君王的地位与威严。在赵武灵王的积极的说服和严厉的刑罚下，这些原本不配合地方官员也只能乖乖地穿上了胡服，胡服骑射这个改革之风在全国快速蔓延。

在赵武灵王的亲自教习之下，全国百姓的战斗力都大大增加了，国家综合国力也逐渐增强，不久之后，就轻松灭掉了"心腹大患"胡人和中山国。赵武灵王作为一个成功的君王，不仅仅有过人的智慧和精明的头脑，同时还具有过人的胆识和敢于创新的决心，所以在秦国的楚怀王被囚禁之后，他也依然敢只身赴秦，窥探情报。所以他能把赵国重新推回了强国的队伍之中这件事是理所当然的。

后来赵武灵王为了能一心一意的对付处于北面的胡人，于是就将其王位传给了自己的儿子公子何，就是后来的赵惠文王。而自己则号称"主父"，所以后世之人所称的赵主父说的其实就是他了。其实那是中原各国国君都看得很清楚，赵国之所以能得到如此迅速的发展，都是赵武灵王的功劳，因此谁都觉得没有必要将现在的这个赵王放在眼里。而此时秦国也在经过变法后得以迅速地崛起，并且对楚国和魏国采取了棍棒加萝卜，软硬兼施，拉拢打压，所以令得这两个国家也不得不屈服。赵国很怕秦国的下一个目标就会是自己，所以就很自然地的秦国看成了一个潜在的敌人。

赵武灵王在位期间，和中原地区的各国都很少发生争执，而且他又派了一些人潜伏到了其他国家，充当间谍，来监视窥探各国动向，而这其中最出名的要数楼缓了，他被派到了秦国，说他出名是因为这位间谍的职位可是非常高的，他在秦国就是君主之下第一人的一国之相了。赵武灵王并不满足单单从楼缓那得到秦国的情况，为了能更好地查清秦国的真实实力，他决定化装成为楼缓的一名仆人，跟在楼缓左右，借机混到了秦国当时的都城咸阳，而此时秦国正是著名的秦昭王当权。很多人都知道秦人是个很不讲信用民族，所以楼缓就曾经几次劝阻过赵武灵王，希望让其尽快离开秦国，赶紧回到赵国，但是却被后者拒绝，无奈之下只好答应。

赵武灵王自从来到秦国后，就天天观察秦国当地的一些民情风俗和路过的一些关卡守军，深入了解了一番秦国的情况，作为亲信的楼缓总是在一旁劝说赵武灵王不可久留秦国，以免被人识破。可是赵武灵王却提出要在离开秦国之前，见一见当时的秦国的两个实权者——秦昭王和宣太后，楼缓感到很是无奈，也很想知道他又要搞什么鬼，但是又不得不服从命令，就只好带着他来到秦国的都城咸阳了，求见秦昭王和宣太后。

好在赵武灵王退位后即便是在自己的国家也很少的抛头露面，也只是在本国的一些军中之人面前露过面，因此只有很少的军人对他比较熟悉罢了，而除了他少年之时曾与韩魏两国当时的国王见过面之外，赵武灵王这个人几乎就没有什么机会和外国人打交道。

而此次赵武灵王之所以坚决要去见秦昭王与宣太后也并不只是一时兴起的，而是他想亲自去了解这对传说之中的母子的为人，以便日后在面对秦国作战之时能够做出良好的应对决策。由于楼缓与宣太后和秦昭王有一些私交，能够得到两人的同时召见，所以赵武灵王很是希望借机通过这种私人的会面情景去更多更好地了解这对母子的为人呢。

在这个为了接见楼缓而准备的宴会之上，秦昭王和宣太后竟都发现了那个向来以风采自傲的楼缓竟对他身后的那个随从颇有些恭敬之意，这不禁使两人对那个随从的身份好奇起来。后来，两人借机观察这名随从，都感觉这个中年男子气度非凡，并且两人还主动问他问题，而随着这名随从回答问题，他们两人更是发现这个人的胸怀与他的见识很是了不起。母子二人虽然产生了钦佩之情，但是更多的是怀疑，怀疑此人的真正的身份。

楼缓也在暗地观察着秦昭王母子，看到母子二人已经有些怀疑，就觉得大事不好，果断决定带赵武灵王尽快离开。于是他就借口告辞，带着赵武灵王离开了。同时赵武灵王也已经感觉到秦昭王母子两人对自己的身份有所察觉，于是便也匆匆辞别了楼缓，偷偷地返回了赵国。在临别前，赵武灵王严肃的告诫楼缓，说秦昭王母子二人都是人中龙凤，请他务必要小心应对。

宴会过后，楼缓走后，宣太后与秦昭王就商讨此事，越来越觉得楼缓的那个随从绝非等闲之辈，认为他的来意必是一个赵国的极贵之人来秦国想要窥探军情的，有可能就是赵武灵王。于是，就速派使者决定再宴请一次楼缓与那个非凡的随从，让两人晚间的时候再到王宫来做客。派去的使者回来报告说，楼缓很痛快地答应了，并且说会准时赴宴。

晚间，楼缓如约赴宴但是却不见之前的那个中年随从了。楼缓解释说自己觉得那个随从在上次宴会上有所失礼了，已经把他遣回赵国去了，让他回去反省。楼缓这样做，就使秦昭王母子二人更加坚定了他们的判断，一致认定那个人就是很少在外国露面的赵武灵王，顿时觉得无比震惊，于是迅速地派精骑想要把他追回来。但是即使精骑一路飞快地狂奔，最后追到边塞也没有见到赵武灵王，而此时赵武灵王已经安全地回到了赵国。

赵武灵王在还没有退位之前，就已经早早立了公子章为赵国的太子，但是后来却又因为他很是宠爱公子何的母亲吴娃，就废了公子章改立公子何为太子，也就是后来的赵惠文王。其实当时赵武灵王只是想让国内有个安定的环境，他觉得有个君王总会比群龙无首的强，并没有考虑太多，而自己也好腾出更多的时间来计划如何去攻打中山和北胡。不过就在他打败了中山和北胡之后，他却又开始有些后悔了，觉得不应该这么早就把国家的权力交给儿子。而随着与公子章的接触，他又认为自己很是对不起公子章，想要对公子章做出补偿，给公子章封地。从此，公子章自立门户，有了自己的势力。

其实，公子章的心里也十分窝火，他本来就是太子，本来可以顺利地当上赵国的君王，却不料这一切都被公子何抢了去，他很是不甘，但是他又见大局已定，自己现在已经无法挽回了，于是就与手下密谋想要杀害公子何，发动叛变，夺得王位。所以他就假传赵武灵王的命令要召见公子何，不料这一切却被大臣肥义轻易看穿，于是肥义就对公子何说道："大王，我看还是由我先去看看吧，如果赵主父没有什么大的事情发生，你晚些再去也不迟呀！"惠文王仔细一想，也觉得此事有点蹊跷，这要是有心之人的阴谋，自己岂不要白白地去送死吗？就很痛快地答应了肥义的建议。后来，肥义到了公子章那里，就立马被等候已久的人给杀害了。

赵惠文王得知公子章叛乱之后，就立即派人去捉拿公子章，但是公子章却早早地跑到了沙丘宫，也就是赵武灵王退位后所居住的宫殿，寻求赵武灵王的帮助，而赵武灵王也收留了他。同时，李兑与公子成很快地赶到了沙丘宫，参加平叛。两人就这件事进行了商量，他们觉得：若是放了主父，那么就一定会被赵惠文王追究责任。于是这两人就密谋决定一不做二不休，困守在沙丘宫，切断粮食和水的来源，困住赵武灵王和公子章。

沙丘宫被困了三个多月之后，有人进入其中，结果就发现了赵武灵王和公子章两人都已经被活活饿死在了沙丘宫里。赵武灵王可谓是战国时期的一代明君，非常有作为的君主，他不仅仅大大发展了国力，使赵国变得强盛，同时更是先后立了两位了不起的君王——燕昭王和秦昭王，而对外作战也是胜多负少。可就是这样一代君王却死于非命，真是让人感觉可惜。

晋悼公姬周——晋国霸业的复兴者

人物名片

晋悼公（前586年～前558年），春秋中期晋国的君主，晋悼公颇具政治天赋，年仅26岁的他就已经登上了中原霸主的宝座，他一生为恢复晋国霸权不懈努力着。在晋悼公统治时期，曾重用韩厥、智䓨、魏绛、赵武等贤良的大臣，同时压制中行偃、范匄、栾黡等一些强族的势力，惩乱任贤，整顿内政，在晋悼公登基第四年时，魏绛主张实行"和戎狄"的政策，与戎狄的关系十分融洽。同时，联宋纳吴，纠合诸侯，一时间晋国的霸业到达巅峰。

人物风云

自从楚庄王击败晋国军队称霸中原之后，晋国一直处于低谷期，不管是经济还是政治等都没有什么进展，根本就掀不起什么风浪。这种情况，一直到晋悼公登基之后才有所好转。晋悼公登基的时候年纪非常小，但是才干却很惊人，这不仅让大臣以及各个诸侯国大为吃惊，还让晋国的霸业复兴。

在楚庄王称霸中原之后，晋国一直处于内忧外患中，曾经两次出兵攻打楚国均没有胜利，于是便再也不敢南下了。对于自己的邻国齐国，也不敢轻举妄动，所能做的就只是拉拢一下周围的小国，但是这根本于事无补。

而十四岁的晋悼公就在这样的情况下登基做了君主，由于年纪尚小，所以，很多的贵族卿室都没有将他放在眼里，只觉得他是一个乳臭未干的小儿，不可能有什么作为，一个个虎视眈眈注视着他。

虽然晋悼公仅有十四岁，但是他却聪慧过人，尤其在治理朝政方面更是颇具天赋。晋悼公怎能不知道他们的心里在想什么，所以从即位的那一刻起，便表现得从容不迫，言语之间均透露出王者的霸气，举手投足更是带有一个君王的气势，在与大臣的交谈过程中十分得体，真是叫人刮目相看，让诸位大臣不得不重新审度这一位年轻的国君。

当时，晋国大夫独揽大权，威望很高，众位大臣都看他的眼色行事，之所以会出现这样的情况，主要是由于赵盾让晋国大夫的地位迅速提升。晋悼公登基之初，许多权臣大多数都是元老级人物，在朝堂上说话的分量非常重。对此，晋悼公采用软硬兼施的策略，一方面极力压制这些权臣的权力，另一方面对他们的儿孙大加封赏，厚待他们。为了更好地治理自己的国家，晋悼公还进行了一次人口大普查，不过仅限于朝廷大臣，对他们进行了详细的剖析，对于每个人都有了大致的了解，这件事让所有的大臣对于晋悼公另眼相看。与此同时，晋悼公还把晋厉公统治时期的所有乱臣贼子统统斩首，以表明改革的决心，起到杀一儆百的作用。

晋悼公这种雷厉风行的行为一时间让晋国大臣和百姓都不敢小看了这位年轻的君主，但是在晋悼公看来，改组内政才仅仅是一个开始而已。紧接着，他对下面的官员实行了一系列大刀阔斧的改革，对于那些有才能的人晋悼公都给予重要的官职，甚至会破格提拔。这就让国内很多才能的人都踊跃自荐，在一定程度上避免了人才外流的现象，就连附近一些国家的百姓听做这件事之后，也争相投奔晋国。

不仅如此，这位年轻有为的国君对于教育同样非常重视，目的就是为了给国家培养出可用之人。在军事方面，他同样很有作为，做事果断，毫不含糊，为了增强国家的军事实力，他破格提拔了许多有才能的将军。与此同时，他还进行军事改革。对于全国的百姓，他采取的是抚恤策略，目的在于稳固民心，主要包括减轻赋役、救济贫困、减少农税等内容，晋悼公的行为得到了百姓的认可，对他亦是极其爱戴和敬仰。

正所谓"新官上任三把火"，更何况是一位之前并不被看好的君王，登基之初晋悼公就实行了一系列"惩乱、任贤、抚民"的政策，这三把火烧得的可不小。就这样，在短短不到一年的时间里，全国上下就发生了很大的变化，完全可以与文公相媲美。君王家果然是人才辈出，一个不满十五岁的少年就能有如此大的魄力，非常难得，然而不管怎样说，晋悼公个人的领导力是不容忽视的。

位于南边的楚共王在听到晋厉公惨遭杀害，如今新君刚刚即位，而且还是一个乳臭未干的小娃娃，于是连做梦都想要进攻晋国，但就在他准备北上攻晋的时候，却听到如今晋国在晋悼公的管理之下，国泰民安，一片繁荣，他只能暂时放弃了讨伐晋国的计划。

但是，楚共王的野心勃勃，怎么可能就此放弃北上的计划，在晋国得不到任何好处，便想出了另外的计策，教唆郑国前去攻打晋国的盟国宋国。当时的郑国是楚国的附属国之一，怎敢不唯命是从。之后，楚国便前去增援联合攻打宋国，企图一举将宋国灭亡，这样就可以对晋国产生威胁，还可以扩充自己的疆域。宋平公眼见国家不保，连忙向晋国告急，请求支援。

晋悼公召集大臣进行商议，正卿韩厥进言："大王若是想要成就霸业，就必须答应宋国的请求，前去支援！"晋悼公欣然同意，果决地说道："出兵！"为了鼓舞士气，晋悼公御驾亲征，楚军见状竟然不战而退。由此可见，双方交战，士兵的气势非常重要，而君王御驾亲征目的就是为了让他国的士兵知晓我国的君王来了，本国士兵就没有理由不竭尽全力了。

这时候的宋国仍然有很多失地没能收回，晋悼公知道凭借一己之力不可能击败楚军，便和齐、卫等诸侯国签订盟约，各国君主共同商议打算联合进攻楚军，可见楚国还真够倒霉的，连一个要好的盟国都没有。宋平公请求攻占彭城，晋悼公便率领联军一举进攻彭城。大军浩浩荡荡来到那里，其守城的将军见到敌人的气势如虹，不战而降。

这一次出兵，齐国没有参加到队伍当中，虽然齐灵公遣人参加了此次会盟，但是并没有派出一兵一卒，齐灵公的这种行为惹恼了晋悼公。自古以来，就有攘外必先安内的道理，内部的根基都不够稳妥，何来向外进兵。对此，晋悼公率领联军前去攻伐齐国，目的就是为了树立自己的威信，齐灵公见状十分担心，立即下令将自己的儿子送去做人质，以求得与晋国重新结盟，晋悼公这才就此罢。内部的联盟问题得到了处理，晋悼公便开始了无休止的征战，首当其冲便是郑国。由于郑国的军事实力强大，而且有楚国作为后盾，所以晋国花了很大的劲儿才让郑国和晋国结为盟友。这整件事，就像是滚雪球一样，被击败的敌人就会加入自己的团队，越打人越多。

眼见晋国的攻势越来越猛，楚国依旧不认输。于是，晋悼公便与吴国联手，对楚国实行两面夹击的策略，晋国的这一做法非常见效，遭到重击的楚军立刻惊慌失措，疲于奔命，主力部队立刻成为一盘散沙，楚国大败，吴国与晋国均得到了不小的战果。

然而还有一个最强大的对手在等待着晋悼公，就是位于西边的老虎——秦国，它一直虎视眈眈地看着中原这片沃土，作为一个旁观者，看着晋国和楚国长时间对抗，便将自己的兵力全部征调到了东面，希望趁机出兵攻打晋国。于是双方在栎地展开激战，结果是可以预见的——晋军遭到重创，主要是因为晋国之前完全没有任何防备，再加上秦国又是偷袭，即便是胜利了也称不上英雄之举。

对此，晋悼公龙颜大怒，立即下令率领军队返回国内，但楚国始终是他的心腹大患，他不想轻易放弃，于是便召集各诸侯国联合起来，其规模之大、范围之广可以和齐桓公的联盟相媲美。联盟之后，晋悼公理所当然地成为新一任霸主的不二人选，荣登霸主的宝座，随即悼公便下令联军伐秦。

但是，上天并不眷顾这位年轻有为的君主，就在联盟如火如荼的时候，晋悼公却因病去世，上天真是很会开玩笑。晋悼公逝世时，还不满三十岁。试想，若是上天能够再留给他二十年的寿命，以晋悼公的魄力和才能，一定会让楚、秦俯首称臣。可能这也是上天为了公平吧，齐桓公、晋文公等君主，皆是年老才干出一番大作为，但是晋悼公在少年时就可以春风得意，这或许就是天妒英才吧。

郑庄公寤生——小霸中原的政治高手

人物名片

郑庄公（公元前 757 年 ~ 前 701 年），是春秋时期的一个小霸，姬姓，郑氏，名寤生，是中国历史上著名的政治家。春秋时期郑国的第三任君主，公元前743年～前701年间在位。郑庄公的一生功绩卓著，其统治期间，击败周、卫、蔡、陈、虢联军和宋、陈、蔡、卫、鲁等国联军，可谓战绩显赫，让郑国国力一度达到了巅峰，即使是当时的大国齐国也跟随郑国东征西讨。郑庄公还是一个很有战略眼光的君主，是一个精权谋、善外交的政治家。在治国方面颇具天赋，也是他在春秋列国纷争中能小霸中原的重要原因所在。

人物风云

在中国封建社会中，身在君王家的人们就会不可避免地卷进权力的斗争中，纵观历史，这俨然成为了一个亘古不变的真理。对于那些君王来说，为了巩固自己的江山，稳保得来不易的王位，再必要时就要狠狠打击那些图谋篡权的人，有时还会采取引蛇出洞、欲擒故纵等一系列陷害策略，而郑庄公就是其中一个。

郑庄公虽贵为一国之主，但是却不招母亲武姜的喜爱，究其原因就是郑庄公出生的时候，武姜差一点难产而死。在武姜的眼里，郑庄公是一个不详的孩子，从此之后便对庄公心生厌恶。就是这样一位母亲，在确立郑庄公为太子的那一天，武姜就开始到处说郑庄公的坏话，但是却挡不住郑武公——一个父亲对嫡长子的爱。

郑庄公登基之后，武姜对郑庄公的态度依旧非常冷淡，甚至为自己的小儿子共叔段出谋划策，希望让共叔段代替庄公登上国君之位。首先，武姜要求郑庄公把一个名叫"制"的地方赐给共叔，但郑庄公认为这是险要重地，所以拒绝了。武姜又要求赐给弟弟一个名叫"京"的地方，郑庄公答应了。自此之后，共叔段便得了一个"京城大叔"的称号。

共叔段靠着母亲对自己的疼爱，觉得哥哥对他无计可施，便肆无忌惮不断地扩充自己的势力，企图和郑庄公相抗衡。没过多久，共叔段便将势力扩展到西部以及北部的大部分地区，这就充分暴露了他的反叛之心。为此，他不断地集结兵力，大兴土木，修治城郭，制造武器，集结士卒与战车，准备立即偷袭都城。同时，他还和母亲武姜进行了一番商议，决定里应外合，一举夺得国君的宝座。

即位之后的郑庄公知道自己即位母亲甚是不悦，对于母亲和弟弟意图夺权的阴谋同样心知肚明，但是他却选择了沉默。郑庄公二十二年，在武姜的教唆之下，共叔段亲自率领大军预备袭击郑都，武姜匆匆赶往准备开城接应。郑庄公在得到共叔段准备起兵的密报之后，说道："是时候该动手了！"立即下令派公子吕率军讨伐共叔段。举国上下闻讯，纷纷指责段共叔段的行径。眼见自己的阴谋就要失败，共叔段便下令退兵返回京城，没有想到的是郑庄公早已经在此恭候多时了，一时间共叔段陷入进退两难的境地，立即潜逃到鄢地去了。共叔段在逃亡的途中自杀了。郑庄公在听到这件事之后，深深叹了一口气，说："你真的是太傻了，为什么要走上这条不归路呢！"

郑庄公一举平定了叛乱，成功地处理了这场内政风波，在一定程度上实现了国家的统一，同时也为称霸中原奠定了基础。公元前721年，也就是在平息了共叔段谋叛的第二年，郑庄公便发兵讨伐邻国卫国。自此之后，郑庄公便走上了一条对外扩张的道路。

郑庄公登基之后，以强盛的国力为基础，又兼具周室权臣的地位，于是便开始竭力扩充自己的领地，连年征战，不断讨伐诸侯，接连取胜，进一步扩充了自己的疆域，增强了郑国的军事实力。从军事外交方面来看，他采取拉一个打一个的策略，拉拢齐、鲁两个诸侯国，讨伐和削弱卫、陈、蔡、宋四国，继而消灭了许国，一时间"小霸"局面形成。

但是，郑庄公并没有因此停下脚步，凭借自己优秀的政治才能，郑国逐渐强盛，周平王害怕朝政大权被郑庄公一手掌控，所以刻意削减郑庄公的权力，预备将事权交到虢公的手里。郑庄公心生怨恨，再加上周平王一向畏惧郑庄公，也只好极力否认这件事。但是庄公不信，于是就有了"周郑交质"的典故，也就是说周平王将自己的儿子留作郑国的人质，而郑国公子忽同样要前往周王室做人质。

郑庄公二十四年，周平王不幸离世，周桓王继承大统。郑庄公曾先后两次出兵收割周王室温地、成周的庄稼以显示其威严。因此，周桓王对郑庄公的行为极为恼火，准备采取强硬手段制止郑庄公。公元前717年，郑庄公朝见周天子，周桓王想要借此机会杀一杀郑庄公的气焰，故意对他无礼。之后，又任命虢公担任周室右卿士一职，目的就在于分庄公的权力。与此同时，周桓公励精图治，开疆拓土，频频扩充自己的势力。

郑庄公三十年，北方的一个游牧部落北戎进攻郑国，郑庄公采取了公子突的提议，一举击败了北戎的进攻。

郑庄公打了胜仗，心里极为高兴，但对周桓王分割自己权力的这件事，他自然不会忍气吞声，善罢甘休。从被分权的那一刻起，便决定不再朝觐周桓王。一向心高气傲的周桓王怎么会容忍郑庄公如此的无礼犯上，因此，两国之间的矛盾已经到了一触即发的境地。公元前707年，周桓王亲率周军连同陈、蔡、虢、卫等诸侯国的军队大举讨伐郑国。

郑庄公听到周室联军已经倾巢而出正在赶往自己的国家，于是亲自率领大军出征迎击。很快，两军便相遇在繻葛一带。

面对大军压境，郑庄公显得孤立无援，情况万分紧急，即刻召集各位将军商量对策。公子突经过一番思索，认真分析了周、蔡、陈、卫联军的情况，将此次周军联营分析得非常透彻，最后得出的结论是：郑军应该首先击破周室联军最为脆弱的左右两翼，之后再集结兵力打击周桓王的联军主力——中军。郑庄公欣然同意了。再加上郑庄公本就是一位非常善于接受新鲜事物的君主，因此，高渠弥提出的新战术新建议被他采纳了。

会战终于拉开了序幕，郑庄公任命大夫祭仲为左路指挥，攻打周右军，首先攻击联军的最弱防线蔡、卫两军。任命大夫曼伯为右路指挥，率领军队攻打周左军，之后再一举攻击联军的附属军队的陈军。同时，拜大夫原繁做中路指挥，剩余的将领，如高渠弥、祝聃等也都积极参与到指挥作战中。最后，郑庄公亲自率领精锐部队——中军，掌握全盘局面，指挥作战。军旅纪律严谨，"旗动而鼓，击鼓而进"违背军令者，立斩无赦。

周、郑的繻葛之战迫在眉睫，周军的进攻显得略微有些迟缓，周桓王被郑军的阵容吓破了胆，迟迟不敢出兵攻击。正在周军犹豫不决的时候，郑庄公果毅地挥动旗帜发出进攻的号令，指挥若定。郑大夫曼伯负责指挥右路军队，首次向联军的左军发起进攻，周左军的陈军犹如一盘散沙，毫无斗志，一触即退，落荒而逃。相反，郑军的士气高昂，在后面穷追猛打。周左军在郑军猛烈的攻势下，乱作一团，被郑军击破溃走。这时，祭仲所率领的郑左军，意气风发，开始猛烈攻击周右军，周右军的附属军队蔡、卫二军即刻溃败。但是，周右军将领虢公林父指挥出色，士兵的斗志非常高亢，奋勇迎战，在一定程度上扭转了战局。郑军前进的道路受到阻碍，周军右翼的阵势浩大、稳定，奋力一搏，有力的掩护了中军主力免受到更加重大的损失。战事逐渐稳定下来了。

之后，郑庄公乘胜追击，发动新一轮的攻势，这一次将矛头直指周联军的中军阵营。郑庄公随即下令让原繁的中军直接进攻周的中军，与此同时，下令曼伯所率领的郑右军在周中军的侧面发起攻击，顿时周中军陷入了两面夹击的危险处境中。周桓王中箭受伤，大伤士气，匆匆脱离了战场。祝聃等立即建议郑庄公乘胜追击，以取得更大的战果，但是被郑庄公当场拒绝。周、郑的繻葛之战结束。

战胜之后，郑庄公为了表示自己尊王的礼节，特意派大夫祭仲前去慰问身受重伤的周桓王以及他的左右随从，给周桓王一个下台阶的机会，使得双方的关系没有闹到彻底破裂的地步。既赢得了利益，显足了威风，又留有了余地，杜绝了后患，左右逢源，一石二鸟，这更是郑庄公战略意识高度成熟的显著标志。从这一点就可以看出，郑庄公不愧是一位政治高手，不管是好人还是坏人他都做了！

繻葛之战是关键性的一战，对当时局势的影响之大可以预见的。经过繻葛之战之后，周天子的威严扫地，其威信也从此一落千丈，"礼乐征伐自天子出"的传统也就此取消了。相反，郑庄公提高了自己的威望，声威大震。宋、卫、陈等宿敌纷纷前来求和，一时间，郑国成为了中原实力最为强大的诸侯国。

公元前701年，郑庄公和齐、卫、宋等大国的诸侯王结成盟友，郑庄公俨然已经具备了一位诸侯霸主的风范，这也同样标志着"礼乐征伐自天子出"的时代已经结束，而诸侯争霸的乱世时代正式到来。

秦昭王嬴则——诸侯国中最有才干的君主

人物名片

秦昭襄王（公元前325年~前251年），战国时期秦国的君主，又被称为秦昭王。姓嬴，名则，又名稷。秦昭襄王是秦惠文王的儿子，秦武王同父异母的弟弟，公元前306年~前251年间为秦昭王的统治时期，他是中国历史上在位时间最长的国君之一。其在位期间，秦国不断扩张。其中，最著名的，同时也是决定秦赵两国最终命运的长平之战，就是在秦昭王在位时期发生的。秦昭王选贤任能，手下主要有范雎、白起等贤臣，为秦国奠定了统一六国的根基。公元前255年，秦昭王歼灭西周。

人物风云

在战国晚期，毫无疑问，秦昭王是所有诸侯国中最有才干的君主，即使在秦国也是一样。秦昭王通过向外不断进兵，凭借自己强大的国力，最终将六国打得惨不忍睹，即便是赵国，也同样不能免遭厄运。

秦昭王即位之初，由于年幼，因此，宣太后独揽大权，但许多军事大政他也会积极参与，而且在一定程度上占主导权，关于发动对楚国的战争以及俘虏楚怀王等，都是秦昭王的主意。当然，这些都要在穰侯与宣太后同意之后才能执行。宣太后和穰侯之所以如此，并不是为了掌握权力从而放弃国家利益，只是希望秦昭王可以少走弯路，不想自己的辛苦打下的天下拱手让与他人，所以只要是对秦国有利策略，他们都会毫不犹豫地表示赞同。

虽然秦昭王年纪尚小，但是看问题却很透彻，他很早就已经看准楚怀王是一个昏庸无能的君主，所以在刚刚即位就开始了对楚国的打压政策，频频出兵讨伐楚国，而且均大获全胜，不但夺得了很多土地，扩充了自己的疆域，最重要的是楚国对秦国俯首称臣，从此再也不敢对秦国不敬了。

从张仪将魏国上下搞得人心惶惶之后，魏国进入低谷期，也不敢对秦国轻举妄动，但是在新一任君王登基之后，魏国便和其他的几个国家结成联盟，联起手来抗击秦国的进攻。秦国的士兵士气高涨，作战英勇，抵挡住了来自各国的连续进攻。秦军之所以如此英勇，主要是因为之前的几场战役都大获全胜的缘故。

为了秦国的将来，秦昭王慧眼识英雄，拜白起为大将。自从任白起为大将之后，接连而来的战争频频发生，首先秦国抵御韩、魏两国的联军，在这一场战役中，秦军共斩杀了联军的24万将士，而且将魏国的大将军公孙喜俘虏回国。这对于韩、魏两国的打击是可以预见的，24万士兵就这样在一场战役中死亡，国家的大部分士兵均死在秦军的手中，被逼无奈，只能乖乖地向秦国求和。

秦昭王如此英明，怎会放弃这一次难得的机会呢？开始频频攻打韩、魏两国，大获全胜，一连攻克数座城池，韩、魏两国的百姓处于水深火热之中，而士兵的士气越发显得低落。

自此之后，秦昭王开始有一些自负了，自以为秦国已足够强大，完全不把其他的诸侯国放在眼里，便就派出使臣千里迢迢来到齐国，希望与齐国国君一同称"帝"。在当时，所有的诸侯都是以"王"自居，只是还没有人敢称"帝"，但是，秦昭王的这一举动分明就是在告诉别人他的地位高人一等，我根本就没有将你们放在眼里，这样的狂妄之举如何可以让人承受？

齐湣王在秦昭王的鼓动之下，本想称帝，但是其臣子却深知其中的利害关系，极力反对。终于，在臣子的大力劝说之下，齐湣王称帝两天就放弃了。但是，秦昭王称帝的心意已决，在孤立无援的情况下，只能自己称帝。俗话说：树大招风，称帝如此大的事情，各个诸侯王又怎能够忍气吞声，坐视不理呢？为了维护自己的尊严，于是诸侯国结成联盟，准备进攻秦国，希望以此逼迫秦昭王放弃帝号，即使秦国的军事实力再强大，也没有能力可以以一敌六，秦昭王被迫只能暂时放弃了称帝的念头。

秦昭王这个人非常不讲信用，不管对谁都是一样，在一举将楚国打败之后，他便下令要秦国和楚国结成联姻，但是秦昭王却又在楚国完全没有设防的时候再一次出手，攻占了楚国的数座城池，甚至诱骗楚怀王进入秦国，意图将他圈禁起来。

在赵武灵王进入秦国时，一不小心被秦昭王知晓。秦昭王竟然派军队前去追捕，这个时候两国还没有开战，有一句话是这样说的：两国交战不斩来使，一国之君更要优待了！关于孟尝君，想必他从入秦的那一刻起，就是自己人生的当中噩梦的开始，他本以为秦国逐渐强大起来，国君又是一个很有作为的人，所以希望到秦国施展自己的才华，闯出自己的一片天地。但不料秦昭王听信小人的教唆，将他关押起来，而且还要问斩，之后孟尝君虽然被放出，但是秦昭王又出尔反尔，派人进行追捕。幸好孟尝君素来门客很多，才得以顺利脱险。

对于赵国而言，这种不义之事就更多了，首先是和氏璧一事，秦昭王用十五座城池诱换和氏璧，但是最后却反悔不肯偿付城池，只是一门心思想要人家的和氏璧。想想看，十五座城池到底是一个什么样的概念啊，秦昭王怎么可能会因为小小的一块玉璧就将大片疆域拱手赠与他人呢！之后就是和赵国会盟，继而欺辱赵王，派大兵尾随其后，若不是赵国先前就已经有所准备，赵王定会步怀王的后尘，死于非命。

不过这些荒唐事情的前提是秦国雄厚的实力，在此基础之上这一，秦昭王才会如此放肆，虽然他不讲信用，但是却可以将秦国的国力逐渐发展起来，让六国畏惧，不敢与之为敌。他任用白起，将韩、赵、魏、楚等国家的军队打得落荒而逃，更是一举斩杀赵国的四十万大军，让赵国损失惨重，从此一蹶不振，这样看来秦昭王确实是一个非常有魄力的君主。

当范雎归入秦昭王的麾下，昭王开始重用范雎，甚至还让范雎独自掌管大权，实行远交近攻的战争策略，对自己临近的诸侯国大肆进攻，让敌方毫无招架的能力。

但是智者千虑，必有一失，这是亘古不变的真理。由于秦昭王求成心切，想借机一举攻下赵国的都城邯郸，但是天不遂人愿，秦军大败而归，秦昭王并没有从中吸取教训。随后，立即下令讨伐韩国，只是韩国的国力弱小，虽然顽强抵抗，但是最终战败，十多万士兵惨遭秦军杀害，秦昭王心里产生一丝安慰。

然而，此次发兵，却惊动了周赧王，于是他暗自与燕、楚等国联手，决心和秦国一决雌雄。纸包不住火，这件事走漏了风声，在秦昭王听说此事之后，便暗下决心，一定要灭掉周王室。

此时的周王室已经沦落为一个三流的小国，即使是宋国的实力都要比它强大得多，秦昭王早就有了灭周的念头，只是一直苦于找不到借口，而这一次秦昭王终于可以借题发挥了。

但是，秦昭王没有像以前对待其他国家那样过分，他只是出兵将周赧王俘虏进秦国，但没过多久就把他放了。这时的周赧王已经年老体衰，根本就没有必要杀他了，秦军也顺便将周王室的土地占为己有。短短一年的时间，周赧王在忧郁中死去，周朝便随之灭亡了。

秦昭王灭亡周朝，此时他的事业也达到了巅峰，这时的秦国实力空前强大，无人敢与之相抗衡，再加上有利的地理位置，即使是六国联手一起攻打，也没有把握可以从中占到便宜。在灭周五年之后，秦昭王去世了。

美女——舞动政治波澜的半边天

西施——勾践复国的牺牲品

人物名片

西施,原名施夷光,春秋晚期出生在绍兴诸暨苎萝村。西施美若天仙,天生丽质。西施与王昭君、貂蝉、杨玉环并称为中国古代四大美女,而西施荣居榜首之位,甚至可以这样说西施是美的化身与代名词。"闭月羞花之貌,沉鱼落雁之容"中的"沉鱼",所叙述的便是西施浣纱的典故。西施同南威合称"威施",是美女的代称。

人物风云

西施,春秋时越国人,又叫做西子,其天生美艳动人,男人无不为之倾倒。当时,越国战败,向吴国俯首称臣,越王勾践忍辱负重,卧薪尝胆,意图复国。作为越国的百姓,在此国难当头之际,柔弱的西施挺身而出,忍辱负重,献身救国。西施和郑旦一起被勾践进献给吴王夫差,摇身一变成为了吴王夫差最宠爱的妃子。夫差为西施着迷,迷惑得他已经到了众叛亲离的境地,终日无心国事。这样就为勾践的东山再起起到了一定的掩护作用。后来,吴国被越王勾践所灭。

西施在越国苎萝的一个普通家庭长大。由于夫差成了亡国之君，所以世人给西施冠上了红颜祸水的骂名。没错，西施确实是一个天生丽质的美人，连同一些皱眉抚胸的病态，也会被邻女所效仿，所以就有了"东施效颦"的经典传说。

在越王勾践登基的第三年，也就是公元前494年，吴王夫差在夫椒一战中大败越国，越王勾践被迫率军后退驻守在会稽山附近，受到吴军的围攻，无奈之下只能向吴国求和，以至于后来越王勾践进入吴国作为人质，受尽凌辱。

忍辱负重多年越王勾践终于得到释归的机会，而勾践对吴王夫差的个性也有了深入的了解，针对夫差好色的弱点，勾践与范蠡设计："若是将临浦苎萝山的西施与郑旦二人收服，献与夫差，这样我们复国的机会会更大一些"，正要打算将二人送给吴王的时候，越王十分宠爱的一个宫女却说："大王，现在还不是时候，西施与郑旦二人虽然美丽，但是缺少韵味，而作为一个美人必须要具备以下三个条件：第一便是美貌，显然二人已经具备了，这样就已经胜利了一半；第二就是能歌善舞；第三点是体态仪表，这后面两点可不是一日之功，需要花时间来慢慢培养。"很显然，在这三点中只具备了第一个条件。于是，越王勾践花了整整三年的时间，教西施、郑旦歌舞、步履和礼仪。

而西施本人更是发愤苦练，在美妙优雅的歌声中，翩翩起舞，姿态婀娜，令人着迷，紧接着便开始训练礼节，经过长时间的磨炼，西施逐渐由一个浣纱女蜕变成了一个有涵养的宫女，在其举手投足、言行眉目之间，皆显露出体态美，在待人接物方面，更是表现得十分得体。最后，越王勾践还差人帮她们制作了华丽得体的服装。

在做了大量的准备工作之后，越王勾践派人日夜兼程，将西施与郑旦送到了吴王夫差的面前。吴王夫差见到西施，顿时就被西施的美貌迷住了，龙颜大悦。在西施进入吴国的那一天起，吴王夫差便对她宠爱有加，每日形影不离，视为掌上明珠。

春秋季节，夫差便与西施居于姑苏台，到了冬夏季节，便整天在馆娃宫饮酒作乐。自此之后，吴王夫差每天和西施饮酒取乐，玩花赏月，弹琴赋诗。在灵岩山上，有一眼清泉，吴王夫差专程叫人去此处为西施取温泉，为西施梳妆，有时甚至还亲自为美人梳理秀发。有的时候，吴王夫差还会同西施一起泛舟采莲，又或是乘坐画船出游，偶尔会骑马打猎。总之，吴王沉醉于美色之中，不能自拔，常年居住于姑苏台、馆娃宫中，将国家大事统统抛至脑后。就连伍子胥想要面见吴王，都是难如登天，多数都会被拒之门外，只有太宰伯嚭时常陪在吴王的左右。所以吴王夫差每天所能够听到的，均是一些阿谀奉承之言。这样一个自负的君主怎会想到自己已经慢慢走向了亡国的深渊。

既然西施每天陪伴在吴王夫差的左右，形影不离，那么她对吴国的军事机密、内部矛盾、政治斗争等，必然是无所不知。作为"美女间谍"自然少不了会趁机向越国报告她所知道的秘密情报，不仅这样，她还巧施离间计，挑拨吴王夫差和大臣之间的关系，尤其是吴王夫差和伍子胥之间的关系，时不时在吴王夫差面前说几句，吹一下枕头风。可以想见，西施说话的杀伤力不知要比伯嚭的话大上多少倍。最后，吴王夫差赐剑让伍子胥自刎，恐怕也是在西施的挑拨之下吧。

吴王夫差逐渐失去了民心，众叛亲离，吴国一天天走向衰落。这时候，令他意想不到的一幕发生了，越王勾践率领军长驱直入，逐渐逼近吴国都城，打了吴王夫差一个措手不及，根本没有还手的机会。越王勾践苦心经营的计谋终于在这时候得到了回报，吴国逐渐淡出了政治舞台。

作为越王勾践复国过程中最重要人物，西施的下场并不乐观，关于她的结局，世人众说纷纭，充满了悬疑和猜测，但有一点是可以确定的，那就是西施是越王勾践复国的牺牲品，只是一枚进攻的棋子，在灭掉吴国之后，西施便不再有任何价值了，简直可悲到了极点！

夏姬——情史混乱的"狐媚子"

▶ 人物名片

夏姬（生卒年不详），是春秋时期郑穆公之女，他的母亲是少妃姚子。夏姬是春秋时期著名的美女，由于被陈国的夏御叔迎娶进门，故而得名夏姬。但是，夏御叔英年早逝，只留下了夏姬和孩子夏征舒。征舒长大成人之后，继承了父亲的爵位与职务，担任陈国大司马。而夏姬因为自己的貌美出众，曾和很多诸侯、大夫通奸，因此惹出了一系列的历史事件，素有"杀三夫一君一子，亡一国两卿"的称号。

人物风云

东周时期，郑穆公的女儿嫁给了当时的陈国一个名叫夏御叔的大夫为妻，因而得名"夏姬"。

夏姬天生丽质，气质非凡，最重要的是夏姬长着一副杏眼桃腮，蛾眉凤眼，一副狐媚之相。与她的容貌一样，夏姬本就是一个妖淫成性的女人。在少女时代时，夏姬一度成为兄长和郑国的权臣染指的对象。在夏姬及笄之年时，有一次做梦，梦里出现一位伟岸的异人，身穿星冠羽服，以上界天仙自居。这位异人逐渐与自己相交在一起，告诉她如何吸精导气，这个方法就是"素女采战术"，可以让女人容颜永葆青春。夏姬从中得到了这个可以返老还童、容颜永驻的采补之法。

在夏姬还没有出嫁的时候，便与庶兄蛮通奸，但是三年之后，公子蛮就去世了，她便应父亲的意思嫁给了夏御叔。两人结婚九个月时，夏姬发现自己怀孕了，后来生下一个儿子，之前夏御叔虽然对夏姬的贞洁有所怀疑，但又被夏姬的美貌所迷惑，因此没有过多的追究此事。夏御叔给夏姬的孩子取名为夏南。在夏南十二岁的时候，夏御叔病亡，从此夏姬便归隐株林。夏姬从此变成了一个寂寞难耐的寡妇，花开花落时，独守闺房空寂寞。

虽然夏姬每每脸带愁云，但是已经年近四十的她，依旧是剪水秋眸、云鬟雾鬓、肌肤白皙似雪。当时，有两位经常进出株林别墅的男人——孔宁与仪行父，这二人先后和夏姬私通，成了夏姬的床幕之宾。这二人与夏御叔的关系很不一般，早在夏御叔生前就贪慕夏姬的美貌，在心中久久不忘，现在夏御叔死了，正好随了他们的心意。孔宁在夏姬房间里出来之后，穿着刚刚在夏姬那里顺手牵羊得来的锦裆，一个劲地向仪行父炫耀。仪行父的心中好生羡慕，便和夏姬的关系越走越近，成了一对奸夫淫妇。夏姬觉得仪行父的身材魁梧，鼻准丰隆，也心生爱慕。为了可以魅惑夏姬，仪行父斥巨资四处求助战奇药，以至于夏姬越发得春心荡漾。

一天，仪行父和夏姬说道："你能赐给孔大夫一件锦裆，今天你可不可以也给我一件物品留作纪念。"夏姬羞怯地笑道："锦裆本就是他偷拿去的，并非妾所赠。"接着附耳说："即使是同床共枕，妾身也有厚薄之分的。"说着便解下自己身穿的碧罗襦双手奉与仪行父。

从此以后，仪行父进出夏姬住所的次数更多了，孔宁觉得备受冷落。孔宁深知夏姬和仪行父二人交往甚密，便满心生妒忌，怀恨在心。有一天，孔宁一个人去求见陈灵公，在两人交流的过程中，频频称赞夏姬的美貌，甚至向陈灵公透露夏姬娴熟的房中术，绝对是天下无双。

陈国君主陈灵公为人轻浮傲慢，贪恋酒色，每日饮酒作乐，对于国家大事从来不上心。陈灵公一听，便来了兴致，说："寡人已经久闻夏姬的大名，但是现在她已年近四旬，再美恐怕也是三月里的桃花，未免失色吧！"孔宁连忙说："夏姬对于房中之术非常精通，所以容颜永存，现在虽然已经年近四旬，但是容颜未变，仍旧与十七八岁女子一样。而且交接之妙，非寻常之女子所能比，如果主公可以一试，自当魂销，念念不忘。"陈灵公听得欲火中烧，面孔发赤，恨不能马上见到夏姬。

第二天，心急如焚的陈灵公便借着微服的名义游玩在株林附近，孔宁便在一旁小心地伺候着，这一游便游到了夏家的门前。夏姬在事前就已经听到了消息，于是立即下令让自己家的仆人把里外清扫得一尘不染，张灯结彩，而且还备好了十分丰盛的酒馔，将自己打扮得美丽动人，花枝招展，就等着陈灵公的车驾赶紧到来，很有一种宾至如归的感觉。

当陈灵公的銮驾一到，夏姬身着华丽的礼服出迎，对灵公说："不知主公驾临，有失远迎，还请主公不要怪罪。"夏姬的声音就如同黄莺一般，委婉可人。灵公再一见她的容貌，顿时有一种六宫粉黛全无色的感觉，立即下令让夏姬换掉隆重的礼服，带自己在园中慢慢游赏。

很快，身着淡装夏姬便出现在了陈灵公的面前，好比月下梨花一般，又如雪中梅蕊，真是另有一番风姿。在夏姬的一路引导之下，灵公和孔宁相继进入园。园子虽然不大，却是百花争艳，乔松秀柏，朱栏绣幕，池沼亭轩，应有尽有。经过一番观看之后，不免感觉饥饿，看到轩中已经备好了丰盛的筵席，陈灵公一行人便坐了下来。在宴席间，灵公目不转睛地看着夏姬，夏姬也是频频地流波送盼。陈灵公顿时方寸大乱，正所谓酒不醉人人自醉，再加上孔宁在一旁敲边鼓，陈灵公喝得酩酊大醉。夏姬更是秋波流盼，娇羞满面。

这一夜，灵公总算是如愿以偿，拥夏姬进入帷帐，解衣共寝。夏姬的肌肤如雪一般细腻，而且充满了芬芳，在欢好之时，就像是处女一般。对于一国之君的陈灵公，夏姬可以说是使出了浑身解数，既有少女般的羞涩，又有少妇般的柔情，再加上妖姬的媚荡，让陈灵公顿感新鲜和刺激，欲罢不能。灵公不禁感叹道："即便是天上的仙女恐怕也不过如此！"

灵公天生就有狐臭，其床笫上的功夫也远不及孔、仪二人，但夏姬却不敢嗔嫌，一晚上都小心侍奉，一直睡到了鸡鸣之时才起身。陈灵公说道："寡人有幸交得爱卿，六宫皆如同粪土一般。但是不知爱卿可否对寡人有心？"夏姬顿感惶恐，担心灵公已经知道了孔、仪与自己私通之事，便顺口回答说："贱妾实在是不敢欺骗主公，贱妾命薄，年纪轻轻便承受这丧夫之痛，所以难免寂寞，不能自制，失身他人。但是今天有幸可以侍候君主，自此之后定当谢绝外交，如果再生二心，请主公以罪论处！"

灵公听后欣慰不已，说："爱卿素日里所交之人可以告诉寡人吗？"夏姬直言说道："只有孔、仪二人，因为照拂遗孤，遂及于乱。除此之外，便再无他人。"灵公听后大笑道："难怪孔大夫说卿交接非常曼妙，绝非常人所能及，如果不是亲自尝试，又怎么会知道呢？"灵公坐起身来，夏姬将自己的贴身汗衫交予灵公，说："主公见到此衫，就像是看到贱妾一样。"

第二天早晨早朝过后，百官皆已散去，灵公召见孔宁，当面感谢他推荐夏姬一事，陈灵公本来就是一个非常厚颜无耻的人，又得到孔、仪二人的奉承帮衬，再加上夏姬是一个善于调情的荡妇，于是，三个人抱作一团，就出现了一妇三夫同欢同乐的局面。当夏南逐渐长大懂事之后，不忍看到母亲的所作所为，但是又畏于灵公，只能是睁一只眼闭一只眼。每一次知道灵公要去株林，便会托辞避出，落得一个耳根清净。

　　转眼之间，夏南已经成年了，陈灵公为了取悦夏姬，便让夏南继承其父亲的司马一职，掌管兵权。夏南因为感谢嗣爵隆恩，特意在家中设宴款待灵公。由于儿子在场，夏姬便没有出陪，在酒酣过后，君臣便开始调侃嘲谑，完全没有君臣之礼。夏南因为心生厌恶，便自行退入屏后，偷听他们之间的谈话。三个人互相取逗，话题主要是围绕夏南是夏姬和谁所生的孩子展开的，简直荒诞到了极点。

　　听到这里，夏南的羞恶之心实在难忍，于是暗自把夏姬困于内室，偷偷溜走，嘱咐随行军众，将府第围得水泄不通，绝对不可以放掉灵公与孔、仪二人。而夏南身着戎装，手执利刃，带着那些精干的家丁，由大门直接杀了进去，这时三人还意犹未尽，口中不三不四、耍笑弄酒，当三人得知情况危急的时候，顿时乱作一团，夏南一箭射中灵公的胸口，陈灵公当场死亡。但孔、仪二人却侥幸逃去了楚国。

　　夏南率领家丁将陈灵公杀死，之后谎称陈灵公喝酒过多急病归天，太子午登基即位，即为陈成公。但是他知道，这件事早晚会被人知道，纸包不住火，担心其他的诸侯前来逼问他杀君之罪，于是便请陈成公朝见晋国，为自己找一个靠山。

　　夏南弑君，陈国人倒是没有计较什么，但是楚国国君听信孔、仪二人的片面之词，坚决讨伐郑国，抓住夏南施以"车裂"之刑。这时陈成公去晋国还没有回来。大臣们一提及楚国便不寒而栗，没有一人敢挺身而出，所以只能将所有的罪名全都推在夏南的身上，打开城门，迎接楚国的大军。大夫辕颇带领楚军杀死夏南，抓住夏姬，将其送到楚庄王的面前，让他裁决。对于夏姬，楚庄王看到夏姬颜容妍丽，言语之间妥帖委婉，顿时怦然心动，但是楚王听说这是一个不祥的女人，于是便将夏姬赐给了连尹襄。

　　可怜的连尹襄艳福真是太浅了，没过几天便战死沙场了，夏姬借着迎丧的名义返回郑国，楚国的大夫屈巫已经仰慕夏姬的美貌很久了，借着出使齐国的空当，绕道郑国，与夏姬秘密私会，结下秦晋之好。当时，楚庄王派遣公子婴齐率领重兵抄了屈巫的家。而这个已经年过四旬的女人，居然可以让一个外交官抛弃整个家族和她私奔，可以见得其能量之强，古往今来也只有这一人而已。

屈巫得知全家已经死了的消息，便投奔了吴国，力主吴王攻打楚国。屈巫可谓是用尽计谋，一次又一次出兵攻打楚国，让楚国到了灭亡的边缘。

樊姬——辅佐霸业的好妻子

▶ 人物名片

樊姬，楚庄王的妻子，楚庄王有这样一位好妻子应该感到庆幸。樊姬和其他后宫的女人截然不同，别人满脑子想着如何可以逗得大王开心，怎样才可以得到宠爱，但是她唯一的梦想就是希望夫君可以拥有一番作为，自己得不到荣宠都没有关系，这才是爱一个人就是要为对方考虑真正的理念。

▶ 人物风云

楚庄王即位之初，十分贪恋酒色，整天饮酒作乐，对于朝中的任何事务皆不予理会。樊姬多次苦口婆心劝说楚庄王，都不见有半分效果，楚庄王该怎样还怎样，不知悔改。对此，樊姬决定从此之后不再梳妆打扮，整天蓬头垢面。楚庄王逐渐察觉到这一怪现象，便问樊姬："夫人近日怎么了，为什么都不装扮自己了？"樊姬一脸忧郁，慢声细语地说道："大王，您每天沉溺于酒色，把国事都荒废了。作为你的妻子，我怎么还会有心思梳妆打扮自己呢！"，听到自己的妻子这样说，楚庄王非常感动，立刻表示一定不会辜负夫人，一定痛改前非。但是时间不长，楚庄王的热情就退却了，又逐渐变回了原来的样子。樊姬见状，便遣人到南城垣建起一座高台，她每晚都会登上这座高台，独自一人面对着月亮和星星慢慢梳理自己的头发。世人都会这样想：这个女人肯定是在装疯卖傻，要不就是神经病，脑袋出了问题。很显然，樊姬属于前一种。

楚庄王见到这种情景感觉非常奇怪，便问道："夫人，您为何每一次夜幕降临，都要独自一人到野外去梳妆。"樊姬便将自己的想法，一五一十地向楚庄王诉说："大王，您曾经答应过我会远离酒色，一心一意治理自己的国家，但是现在，大王没有实现自己的诺言，我为什么还要梳妆打扮给一个完全不将我放在心上，不在乎我的人看，倒不如梳妆给星月欣赏呢。"楚庄王终于明白了樊姬的良苦用心，顿感惭愧，决定痛改前非，专心处理政事。

在每一次奋发之前，楚庄王都要出去狩猎，其狩猎的次数早就超越了其他诸侯王，逐渐变成了一种习惯，甚至算得上玩物丧志。樊姬将这些统统看在眼里，记在心上，决定一定要帮助庄王弃邪归正。她曾多次苦心相劝，但楚庄王每次都是左耳朵听，右耳朵出，不放在心上。樊姬无计可施，便对楚庄王说："若是大王再这样混下去，我从此以后便再也不吃肉了！"这一招与绝食有些类似，楚庄王只当她对自己开了一个玩笑，压根就没有将樊姬的话放在心上。但是樊姬从来都是一个说到做到人，果然从那之后再也没有吃过肉食，容颜日渐苍老，人也消瘦了许多。庄王眼见心爱的妻子几天不见便如此憔悴不堪，哪里还有什么心思出去打猎，自此便收敛了不少，樊姬见楚庄王有悔过之心，这才肯吃肉。

楚庄王一点一点地被樊姬所感化，下定决心要专心治理国家，但是男人天生爱美女，这是不争的事实，更何况是一代君王。在当时，诸侯王的妻妾成群是非常平常的一件事，樊姬担心楚庄王找其他的女子荒废政权，更担心楚庄王把大把的时间浪费在美女的身上，便亲力亲为，亲自差人为楚庄王四处寻找美女。为人妻子居然可以做到到处为自己的丈夫找美女，这实在是非常不容易，可以见得，她的度量之宏大。樊姬从来不计较个人的得与失，苦心寻来的女子不但拥有美丽的容貌，更重要的她们个个都有着内在的修养，没有一个人因为贪图个人得失，为了得到大王的恩宠而日夜纠缠楚庄王。在挑选这些女子的时候，樊姬都是以自己为标准选招进来的，自然楚庄王就极少再沉迷于酒色，就连自己身边的妃子都如此的明白事理，他自然就不会乱来了，便一门心思地处理朝政上的事情。对于樊姬的所作所为，楚庄王感觉非常满意，倒是没有一点埋怨的意思，相反，更加器重樊姬，觉得她是的确是一个十分贤惠的好妻子。

每一个君王都会有自己宠爱的臣子，当然楚庄也不会例外，在他的身边有一个非常得宠的臣子叫虞邱子，两人经常一起商讨国家大事。一般情况下，他们讨论的内容会从国事延伸到家事，几乎到了废寝忘食的地步。樊姬在得知此事之后，非常担忧，有一次下朝后，樊姬找到楚庄王，便问道："大王，到底是何等重大的事情让您如此费心，竟然连吃饭的时间都错过了？"庄王说道："可以和贤良的臣子说会话，我感觉非常开心，哪里知道时间竟过得如此之快，不知不觉就错过了吃饭的时间。"樊姬接着问道："究竟是哪一位贤良的臣子可以让您如此呢？"庄王非常淡定地回答道"还能有谁，自然是虞邱子了！"

樊姬听后表现得异常惊讶，之后便开始捂嘴大笑不止，庄王感觉非常不理解，连忙问道："发生了什么好笑的事吗，可以让夫人如此开心？"樊姬见到楚庄王发问，便开始认真地回答："是大王您啊，刚刚您说谁忠臣，如果说虞邱子是一个极为聪明的人我并不反对，但是如果说他是一个忠臣，我就不赞同了。"庄王顿感疑惑，忙问道："夫人为何会这样说呢？"

樊姬目不转睛地看着满脸困惑的楚庄王，慢慢道来："到现在为止，我伺候大王已经十几年的时间了，我们夫妻之间也算是和睦，但是我从来都没有独占大王的意思。为此，我还四处寻访美女，找她们回来给大王做妃子，其中比我优秀的人有两三个，和我差不多的也有好几个。如果我想要得到大王的恩宠，为什么不设计陷害她们，而是选择让她们和我一起侍奉大王呢？"

庄王越听越糊涂，樊姬接着说道："这是因为我知道大王贵为楚国的君主，可以在您身边伺候的一定要是贤良的女子才，因此我不可以自私，为了个人得失来陷害她们，而耽误贤良的人辅助您治理国家。而现在，虞邱子作为楚国的丞相，已经有十多年的时间了。但是他所举荐的人都是他自己的亲人，从来都没有听说他保举过一个自己不认识的人，也不曾听说他罢免了什么奸臣，难道大王口中的贤能忠臣就是如此吗？阻挡真正的贤德臣子为国家尽忠就如同蒙蔽君王，道理是一样的。即使知道他人贤德却不举荐，便是不忠，不知道他人的贤德，便是不具智慧。我刚才就是笑这个，您难道觉得我说的不对吗？"

庄王这才恍然大悟，如梦初醒，觉得樊姬说得非常有道理。第二天上朝的时候就将这件事说给虞邱子听，虞邱子听到之后，顿时变了脸色，居然一句话也说不出来，只能灰头土脸地离开了朝堂。虞邱子回到家，便称病不敢上朝，整天为寻找贤臣而四处奔走，希望以此来弥补自己以前的过失，终于皇天不负苦心人，他举荐了孙叔敖，而且还亲自将他带到楚庄王的跟前。直到这时，他这才敢再一次上朝参政。

经过一番考察之后，楚庄王觉得孙叔敖的确是一个非常有能力的人，而且是一个贤能的人，才决定重用他，让他处理楚国的事务。终于经过三年的时间，孙叔敖协助楚庄王登上中原霸主的宝座。

宣姜——命运坎坷的苦命女

人物名片

宣姜（生卒年不详），是春秋战国时期远近闻名的大美人，她是齐国的公主，也就是齐僖公的女儿。后来成为了卫宣公的夫人。

人物风云

提起宣姜的名字，很多人或许会觉得有点陌生，但是说起她的事迹，大概大家都会有所耳闻了。宣姜是齐襄公的妹妹，与她的妹妹齐文姜一样，两人都是当时众所周知的美女，可是两人的命运，却是殊途同归，都没有好到哪里去。齐文姜与哥哥互相爱慕，后来又与哥哥乱伦，为图一时之快而杀死了亲夫。而宣姜则在一开始出嫁的时候，就预示了她一生的悲剧。

宣姜是齐僖公的大女儿，公元前718年，宣姜刚满十五岁，一个情窦初开的年纪，长得亭亭玉立，国色天香。齐僖公便寻思着将她嫁出去。而正当此时，卫国的太子姬伋也长成了一个俊美儒雅的男子汉，便派人到齐国来向齐僖公提亲，指名要娶宣姜，齐僖公一听说来提亲的是卫国的太子，就立马答应了这个可以说是十全十美的婚事。

可是命运就是这么捉弄人。卫国的使者真可以说是人才中的人才。他这一来不要紧，可是他看到美丽动人的宣姜后，就偷偷地告诉了卫宣公。卫宣公听说这个宣姜长得天生丽质、举世无双，就动起了歪脑筋。他就在儿子迎娶宣姜的车队已经启程之后，借机支走了儿子，让他去出使宋国。这个色老头还在淇水之畔日夜赶工的修建了一座用来藏娇的行宫，取名为"新台"。等宣姜到达卫国后，卫宣公就立马把她娶了，封为自己的妃子，可怜宣姜就这么迷迷糊糊地嫁给了她满头白发的老公公。

其实，宣姜并没有在历史上留下她的名字，因为她是齐国的公主，本姓姜，又嫁给了卫宣公，所以后人便称她为"宣姜"。

当卫国太子姬伋回来后，看到自己的媳妇已经嫁给了父亲，只好无何地称宣姜为母亲，这对于他来说可真是天大的笑话了，老子抢了儿子的媳妇，儿子还得隐忍下来，不能有任何怨言。可见卫宣公为父不正，这样的人当上国君，对国家来说，也是一种灾难了吧。齐僖公听说了这件事，自然也是暴跳如雷，愤怒了好一阵子的，差点就要出兵为女儿讨公道了。但他毕竟在官场上摸爬滚打了这么多年，可以说是比老狐狸还精明呢！后来转念一想，女儿嫁了卫宣公，原本和自己是同一辈的宣公立马就比自己小了一辈，小辈对待长辈自然是要恭敬的，在政界对自己还是利远远大于弊的。于是乎，这位齐僖公也就喜滋滋地接纳了这位比自己小不了几岁的女婿。

宣姜虽然有千万般的不愿，但在别人的地盘上，她也只能听天由命了。嫁给卫宣公几年之后，她先后生下了两个儿子，分别是姬寿和姬朔。长子姬寿，是一个清秀善良，温文尔雅的少年，而姬朔这个人却是心机深沉，野心勃勃，总想要当卫国的君王，而此时的卫宣公也正值暮年，姬朔就在琢磨，要是能够把太子设法除掉，再让宣公立他为太子，那么，他就可以顺理成章地成为整个卫国的国君。于是，姬朔便多次在父王面前进献谗言，大放厥词地说太子坏话。

卫宣公年老体迈，脑子大不如以前灵光，竟然听信了姬朔的谗言；而宣姜这边也很郁闷，估计是咽不下这口气，嫁了一个比自己大几十岁的老男人，憋屈了好多年，早就看卫宣公不爽了，还不如索性让自己的儿子去掌权，所以便与卫宣公一起谋划了起来。他们的如意算盘是怎么打得呢？两人筹划一阵之后，想出了刺杀之计：让卫宣公把太子派去出使别的国家，在暗中找来一些顶尖的刺客，事先埋伏在太子必经的河岸边，约定只要一见到太子等人拿着出使的大旗，就大开杀戒，随行人员一个不留，以除后患。

善良的姬寿得知了父亲和弟弟的阴谋,连忙向太子通风报信,但太子似乎已经在宣姜来到卫国以后,就看清楚了这些,知道父亲早就已经容不下自己了,即使到了如今的这种地步,也不想逃离卫国,他是彻彻底底地心灰意冷了。就对姬寿说:"这也许就是命运的安排吧,我这次是在劫难逃了。像父亲联合儿子杀儿子,这种事,恐怕也只有昏庸透顶的君王才干得出来吧。"

姬寿是一个非常重视情义的人,他见太子不为所动,天性仁孝,于是也被他感动了。就假装要为他饯行,在饯行宴会上姬寿频频敬酒,太子不胜酒力,不一会就被姬寿灌得酩酊大醉,然后姬寿自己穿上使者的衣服,手持着大旗,决绝地向河边行去。刺客只认得大旗,看到大旗后,便不管三七二十一地将姬寿杀死了。

太子酒醒后,立即明白了事情的缘由,十分着急,便立即赶往河边,可是他还是来晚了一步,姬寿已经死了,他伤心地趴在尸体上嚎啕大哭,并且对刺客承认了自己的身份,说自己才是真正的太子。刺客一不做二不休,索性也连他一同杀死了。这件事做得真是惨绝人寰,简直毫无人性可言。

宣姜听说这件事之后,立即昏死了过去。醒来之后,就像换了一个人,目光呆滞,沉默寡言。而在整个事件中,唯一的胜利者就是姬朔,他不禁感叹道:这些杀手真是太给力了,一下就杀死了我两个君位的有力竞争者,真是太感谢你们了。不久后,卫宣公死去,姬朔顺理成章地成了国君,就是卫惠公。

但是,国人怎么能够容忍这种人做他们的君主呢,贵族们很快就联合起来发生了政变,卫惠公仓皇逃出卫国,逃到了母亲的娘家齐国。宣姜落在了公子泄的手中,宣姜请求他杀了自己,这么多年来饱受折磨,早就已经对这个世界没什么眷恋了,可是公子泄却不敢得罪当时实力雄厚的齐国。当时,宣姜的哥哥齐襄公是齐国的君主,听说这件事后,主动出面交涉,将宣姜嫁给了姬伋同母的兄弟昭伯顽。先是嫁给卫宣公,后又嫁给了他的儿子,试问宣姜,她的生活能够快乐吗?

骊姬——"骊姬倾晋"的策划者

人物名片

骊姬（？～公元前650年），春秋时期山西人，骊戎首领的女儿。公元前672年，不幸被晋献公掳入晋国，成了晋献公的妃子。她美艳动人，但是却生有一副狠毒的心肠，使用离间计，让献公与儿子申生、重耳之间的父子兄弟之间的感情土崩瓦解，还设计杀死了太子申生，制造出了"骊姬倾晋"、"骊姬乱晋"。

人物风云

晋献公时期，骊姬很受君王的宠爱，她希望自己的孩子被立为君王，后来就实施了好多阴谋，让君王废除了太子申生，还把公子重耳和夷吾逼走了，她的这些作为使晋国内政陷入一片混乱，正所谓"最毒不过妇人心"。

骊姬是被献公掳回来的妃子，她长得非常漂亮，很受献公的宠爱，嫁给献公之后就生了一个儿子，并取名为奚齐，晋献公很爱他的这位娇妻和儿子，想要把奚齐立为太子，后来就把这事和骊姬说了。骊姬听了之后非常高兴。但是，这时，申生已经是太子了，而且他的另外两个兄弟重耳、夷吾也都很贤德，虽说这三个人都不是她亲生的，但是名义上她还是他们的母亲。她心里明白如果现在把自己的儿子立为太子，大臣们肯定不会心服口服的，恐怕还会招来诸多麻烦。她真可谓是有心计的女子。

后来她来到献公面前假惺惺地跪在边哭边说"太子申生并没有做错什么，没有一个大臣说过他的坏话，现在大王要是为了我们母子而将太子废掉，大家肯定会说是我迷惑你，我宁可死也不要背上这个罪名！"献公听骊姬说完之后也觉得有道理，同时更觉得她善解人意，通情达理，为人贤淑。如果让她当了国母，那我国岂不是会越来越好。

骊姬面子功夫做得很好，但在背后里却买通了梁五和东关嬖五等几个奸臣，没白天没黑夜地商量怎么让献公废黜太子等人，好把自己的孩子立为太子。

梁五和东关嬖五向献公进谏，要献公把三位公子调离都城：把申生调去曲沃，重耳被调去蒲城，而夷吾被调去屈城，慢慢地施行调离都城计划，就这样把三人分开了，对付起来可就容易得多了。接下来，这些奸臣又逼迫一些和申生好的老臣开始疏远申生，让申生孤立无援。

几年之后，骊姬特别虚伪地对献公说道："我是很疼爱申生的，我很想他，他在曲沃也有些年头了，让他回来吧。"献公又信了骊姬说的话，以为她是发自肺腑的是真心话！又感慨起来，于是派人把申生接了回来。申生知情达理，回来之后，拜见了父亲，又进宫参见了虚情假意的骊姬，骊姬设宴招待了申生，两人交谈得很开心。可是，他并不知道，有一双阴毒的双手正向他伸来。第二天，申生又进了宫，骊姬又留下他吃饭。可是当晚，她就到献公面前哭天抹泪。

献公见骊姬哭哭啼啼，忙问是怎么回事，骊姬用嗲嗲的娇滴滴地哭腔说："申生可真是你的好儿子！"献公听了之后摸不着头脑，说："他怎么了？"骊姬的哭声更大更委屈了，说道："我本来好心见他回来留他吃饭，可是没想到他几杯酒下肚之后就开始调戏我，还说，'我父亲现在老了，你还年轻，将来等我父亲死后你就就嫁给我吧！'我本来想狠狠地教训他一顿，可是他又继续说，我家规矩就是这样，当初我爷爷去世的时候，我父亲就接受了他的小老婆，等以后我父亲去世了，你自然而然就归我喽！'说完就把我往怀里搂，幸亏我躲闪得快，不然，不然……我真不想活了！"说完就扑倒献公的怀里大哭。她的演技也够逼真的了。

献公听了之后就很生气，来思考都没思考，马上大声说道："这畜生怎么这么无赖，我要好好地治治他！"骊姬看献公大怒，觉得这话十分见效，又继续说："他还约我明天去后花园呢，你要是不信，就暗中去看看，不就知道了！"

第二天，骊姬又把申生叫进宫来，并且把他带到了后花园。骊姬这天可是把自己打扮得分外妖娆，还故意在头发上粘了香糖，招来蜂蝶，申生就在她身后挥衣舞袖帮忙赶走蝴蝶。晋献公把这些动作都看在眼里，认为申生在调戏骊姬，献公很生气，叫人他申生抓起来。申生吓了一跳，他感觉莫名其妙，不就是在后花园赏花吗？说实在的，谁调戏谁还不一定呢！可是献公深爱着爱骊姬，不管是谁的错，都把错推给了申生。

骊姬又在献公耳语道："你知道就好，可不能把他杀了，不然大臣们肯定会说是我的主意，你就饶过他这次吧！"献公考虑了一下，觉得骊姬所说很对，就把申生放了，并且暗中派人跟踪监视他。骊姬虚伪的"爱心"也更加深入申生的心。其实，骊姬本身还是很清楚的，献公没脑子，并不代表大臣们没有思维能力，这件事情要是真的闹大了，自己还真不好收场。而且想要凭借这件小事就把太子扳倒似乎也不那么轻松，当然她也不会就这么善罢甘休的。

挑拨父子关系只是骊姬阴谋的一个开始，重头戏还在后头。打猎的季节到了，献公带人出去打猎了，骊姬马上就派人去告诉申生说："我梦到你母亲齐姜向我倾诉苦楚了，她说在地府挨饿受冻，你这个做儿子的怎么也应该去祭祀一下你的母亲吧。"申生是个大孝子，听了之后就去祭祀母亲。于是，他就把一些腊肉和祭酒打算送给父亲，献公打猎还没有回来，申生就把这些物品送回了宫中。

献公狩猎回来之后，骊姬早就在酒肉里面下了毒，送给晋献公，对他说："这是申生特意送来给你尝尝的。"献公刚准备要喝酒，骊姬假装赶忙说："这东西是从外面带进来的，不可以大意得验一验。"总而言之，她总是扮演导演的角色。献公听了之后点了点头，顺手就把把酒洒在了地上，地上冒起了一股白烟。骊姬假装不相信的样子，割下一块肉给狗吃，狗吃了之后都没有挣扎连叫都没叫就僵硬的死了。然后她又强行拉过了一个侍卫，把酒不由分说地给那个侍卫灌了下去，侍卫当场就翻白眼，毙命了。

献公还没来得及说话，骊姬就抢先嚷嚷了起来，"太子的心怎么这么狠毒啊，他现在已经是太子，早晚是要即位的，难道多等几年都不行！就这么迫不及待地毒死自己的亲生父亲，"她说完了又跪在献公面前，把她装哭的功夫发挥出来，说道："他急于这样做，不就是针对我和奚齐，您就把这酒肉赐给我们母子，好让我替你去死！"说完就冲过去抢酒杯，装作要喝下去的姿势，献公看见之后赶忙把酒杯夺过来，狠狠地摔在了地上，他已经气得发抖说不出话来。

骊姬看到献公很生气，立刻扑倒在地说"我哪里对不住他啊，我先是求您让他回国探亲,接着他却想在后花园里调戏我,我顾忌他的颜面又在王面前帮他求情放了他,可是今天他却要杀了您,明天就得杀我,我也不想活了!"

献公上前把她扶起来,说:"这件事情我自有主张。"于是就出了朝堂,一一数清楚了申生的犯罪记录,派人前去曲沃捉拿申生,申生并没有要逃跑的意思,也没有反抗,而是选择上吊自杀了。骊姬又和献王说重耳和夷吾两兄弟和申生是同谋,献公听了又派人去捉拿这两人,重耳和夷吾被迫不得已地逃跑,之后,献公就里立奚齐当了太子,骊姬的阴谋终于得逞。

骊姬也算是个历史风云人物了,能把君王和几个公子耍得团团转,这也是要下一番苦心的。在这事件中,晋献公就像是骊姬的傀儡一样,被人玩弄于鼓掌之中,真是一个可怜的君王。他是典型的爱江山更爱美人的人,这就验证了一句话,"英雄难过美人关"。

齐姜——识大体的美娇娘

人物名片

齐姜(生卒年不详),是齐桓公同宗的女儿,后嫁给晋文公为妻,是历史上颇有胆识和远见的夫人。

人物风云

我们这里将要说起的齐姜,不是齐襄公的妹妹齐文姜,而是晋文公的夫人,说起这位具有远见而且魄力惊人的晋文公夫人,想必大家都会对晋文公出走齐国的事情多多少少地留有一些印象吧,而我们要说的这位齐姜女,就是当时狐偃等人商议为使晋文公重整旗鼓,将晋文公强行灌醉并让狐偃等人将他带走的人。

当初,晋国朝廷内部局势混乱,重耳等一行人流亡来到了齐国,齐桓公并没有将之拒之于门外,反而以礼相待,并举行国宴隆重欢迎重耳的到来,后来又把自己心爱的女儿嫁给了他，然而，时间久了，重耳就觉得这里的生活安逸快乐，又有温柔贤惠的妻子作伴，便萌生了想长居于此的念头，真是有些"乐不思晋"了。狐偃等人多次劝说重耳返回晋国，都没有奏效，心里很是焦急。

重耳的妻子也认为，大丈夫不应该如此的贪图安逸，应当有所建树，应该有一番作为。她曾经就以齐国宗室之女的身份，四处寻访，为丈夫寻找任何可以协助动用的力量，她甚至曾经请求齐桓公能够派遣一路大军护送丈夫重耳返回晋国。无奈，当时齐桓公已经年老体迈，没有了年轻时的勇猛和冲动，只求安稳，怎么也不肯再冒这个看来希望渺茫的险了，就没有对自己的这个女儿做任何的回复。

赵衰和狐偃等人眼看着重耳已经在客居齐国生活了十几年，时间慢慢地磨去了他的雄心壮志。如果再不走，再不离开这里重返晋国，他大概就会一辈子的在这扎根，最终也只能落个客死他乡的悲惨结局。他这一生不可能再有半分的作为，他们先前所做的一切努力都要白费了，所有对重耳的希冀也都要落空了。

于是，狐偃、赵衰等人就擅自决定，决定找准时机挟持重耳离开齐国，但是这个世界上并没有不透风的墙，他们的这番话被齐姜的一个侍女听到了，她就急匆匆地把这些话原原本本地告诉了齐姜。齐姜听后，稍作思考，问她道："这些话，你还有告诉其他人吗？"那个侍女很忠心地低头说道："我谁也没告诉，听了他们的话，我就急匆匆地来了，知道这事的就只有您一个人。"

齐姜思考了片刻，然后决定秘密杀死这个侍女，可怜的这个侍女，一片忠心，不但没有得到预想的嘉奖和赏赐，却落得这样的下场。可是国家大事毕竟重于泰山，必须慎重对待，也只能舍小取大了。关于这件事，我们不能断然下结论说齐姜的做法是否有错，不过从此事上，我们也可以看出齐姜的机智勇敢和果断决绝，甚至可以说是有些狠心了，但这也表明了她深爱着自己的丈夫。

齐姜并不像传统意义上的女子那样希望自己的丈夫日夜陪伴在自己的身边，而是希望自己的丈夫能够重整旗鼓，能够有一番自己的作为。之后，齐姜就找到了重耳，对他说道："当下形势，你应该重返晋国去做一番大事，而不应该再继续留在这里无所事事了，这里的生活虽然平静温暖、舒适安逸，但是却阻碍了你前进的步伐，而那些随你前来的大臣们，忠心耿耿，一直希望你能够重返晋国，重振国威，跟着你有一番作为，你就不为他们考虑一下吗？"谁知，重耳竟然笑道："只要有夫人的陪伴，就算是这一辈子都这样过下去，我也心甘情愿。"

齐姜看丈夫一点好话都听不进去，就怒斥他道："妄你还是贵为一国的公子，却这样的贪图享乐不思进取，如今国内形势有变，你回国的大好形势已经到来，况且你的兄弟被害死了，你怎么能一点都不想回国，重振晋国的威风呢？你这样，我真是为你感到可耻！"齐姜好话歹话说尽了，可是重耳依旧没有任何的反应，淡淡地说道："如果夫人这样说，那就不对了，我只是希望能永远的、时时刻刻陪在你的身边啊！"齐姜被这话深深地感动了，知道自己的丈夫如此深爱着自己，她很是欣慰。不过，她却是个有远见、识大体的女人，当下便一心决心要配合赵衰和狐偃等人的计策，将丈夫送走。

齐姜见无论怎么说、说什么，重耳都听不进去，不为所动，顿时心生一计，就对他说出了实话，"我的一位侍女听说了你的部将赵衰等人要伺机挟持你走，我就想在这试探你一下，你果真是真心诚意地对我好，我真的很开心也很幸福，不如改日我们喝几杯吧！"重耳想都没想就立即答应了下来。于是，齐姜私下里就与赵衰等人商议，等到把他灌醉后，就立马用马车带他走，快马加鞭，能走多远就走多远。这齐姜想来也是心理战的专家，玩起心理战来得心应手，先是为了不让重耳起疑心，就把所有的事情都告诉了重耳，让他放下了对她的戒心，然后再进一步灌醉他，一下子就解决了所有事情。

齐姜与重耳喝起酒来，齐姜不断地向重耳敬酒，重耳很高兴，一杯杯的都干了，没成想这酒很是浓烈，没几杯就喝多了，齐姜继续劝重耳喝酒，说不醉不归。等他烂醉之后，赵衰等人就将他放在马车上，日夜兼程，快马离开了齐国。等到重耳醒来之后，发现他们已经离开临淄好远了，他不禁勃然大怒，斥道："如果这件事成功了还好说，如果不成，我一定要将你们碎尸万段，吃了你们的肉，剥了你们的筋！"

之后，重耳在狐偃等人的协助下，历经重重磨难，终于回到晋国重掌大权，当上了晋国的国君，饮水思源，他立即将齐姜从齐国接了过来，封为正品夫人，而对秦国送来的女子一概不闻不问，可见重耳有多爱多感激他的这位妻子。从以前的那些事中我们也能够看出齐姜这个人识大体、有魄力。她对待文公其他的妃子也十分友好，相处得很融洽，而且将后宫打理得井井有条，所以晋文公也根本不用因后宫的事情而分心，他没有了后顾之忧，一心扑在国家上，专心治国，最终得以称霸中原。

军事家——克敌制胜的主力军

范蠡——兴越灭吴奇谋的制造者

人物名片

范蠡（公元前536年～前448年），字少伯，春秋时期楚国宛人。春秋晚期闻名退迩的政治家、谋士、实业家。世人尊称他为"商圣"。范蠡自幼家境贫寒，但是博学多才，年轻时就和楚宛令文种相识，而且相交甚深。由于对当时楚国的政治黑暗、非贵族不得入仕等一系列原因，所以投奔了越国，竭尽全力辅佐勾践。之后，协助勾践复兴越国，一举将吴国歼灭，一雪会稽之恨，在功成名就后却归隐山林，急流勇退，变官服为一袭白衣和美女西施隐居于姑苏境内，过着神仙眷侣般的生活。其间，曾三次下海经商成为巨富，且三散家财，以陶朱公自居，堪称是我国儒商的鼻祖。

人物风云

范蠡在春秋时期的事例可谓史无前例。春秋后期，吴国和越国之间战争不断。吴国比越国强大。越国不能与吴国相抗衡，只好每年向吴国进贡。但越王勾践即位之后，越国也开始变得强盛，便不想再屈从于吴国。

吴王阖庐，也就是吴王夫差的父亲，在吴国与越国的一次战争中，不幸中箭身亡。公元前494年，吴王夫差想要为父报仇攻打越国。勾践听说之后想先发制人。范蠡劝阻说："战争本是一件非常残酷的事情，没有原因的战争更是违背德信，这是上天所忌讳的，对于出战者不但没有好处而且非常不利，应该谨慎行事，万万不可轻举妄动。"勾践说："我已经决定了，不要再说了。"

于是，勾践不听劝告调动全国三万精兵攻打吴国，与吴军在夫椒交战。结果，越国仅剩五千残兵，退守会稽山，又被吴军包围。勾践战败。

勾践大败之后，他对范蠡说："我不听先生之话，才会有这样的局势。现在要怎么收拾残局呢？"

范蠡在这生死关头又向勾践提出了暂时委曲求全的策略，主张向吴求和，如果吴国不答应，就让勾践亲自到吴国做人质。吴王没有听取伍子胥的劝告，决定休战撤兵，并答应让勾践到吴国做人质。于是，范蠡跟随勾践到吴国做人质，为奴仆三年。有一天，吴王把范蠡单独叫去，对他说："勾践给我当奴仆，你又何必再跟着他？俗话说，'聪明妇女不嫁败亡之家，明哲臣子不跟国灭之君'。如果你抛弃勾践跟随我，我不仅赦免你的苦差，还让你当大官。"范蠡跪下说："谢谢大王的好意。俗话说，'亡国之臣，不敢语政；败军之将，不敢言勇'。我是战败之国的臣子，又怎么敢期待富贵呢？还是让我和原来的主子一起为您服役吧。"吴王听后只好作罢。三年之后，勾践、范蠡被放回国。

回国之后，勾践向范蠡请教振兴越国的方法，范蠡认为："天时、人事都是不断变化的，因此，要根据天时和人事而制定方针政策。万物在土地上生长，土地是包容万物的，禽兽、庄稼等始终都不能离开土地。万物不管美恶，土地都一视同仁，让其生长，人类也依赖土地生存。然而万物生长又各有自己的季节，不到生长的季节，是不能让它勉强生长的；人事的变化也是相同的，最后的转折点没到，成功是不能勉强的。所以，处理世间事物应该顺应自然规律，要把不利于己的局面扭转过来就要等到机会的到来。"

接着，范蠡又提出了兴复越国内政方面的方法。调动、保护老百姓的积极性，大力发展生产，积蓄力量，富国强兵，他劝说勾践应该拿出时间来做和老百姓相同的工作，越王夫人也应该做一些类似于纺织的劳动。不要让百姓懈怠，而应该让他们勤奋耕作，这样生活就会变得富足，国家也会变得强大起来。范蠡提出对待弱小国家要礼让，对待强国表面应该采取顺从的态度，但心里却不应该屈从。对于吴国，要等待或促使他走向衰落，时机一旦成熟就可以一举歼灭。最后，范蠡说："希望大王每时每刻都不要忘记石室之苦，越国就可以复兴，与吴国的仇也可以报了！"

勾践听了之后，连连称赞。他立刻让文种主持国政，让范蠡来治理军旅。勾践自己也开始卧薪尝胆。经常夜里暗自落泪，恨恨地对自己说："会稽之耻你忘了吗？"同时，他重用有才能的人，尊敬老人体恤贫困的百姓，希望得到百姓拥护。他还鼓励生育，汇集财富，练兵修甲，不敢有一丝懈怠。当然，他表面上仍然对吴国奉承献媚。

这时候，一方面，范蠡亲自到民间选了西施、郑旦等美女，派香车将她们送给吴王。同时诱惑吴王大兴土木，建造宫殿楼阁，让他在声色犬马之中不能自拔。另一方面，在暗中亲近楚国、结交齐国、晋国，使吴国孤立。

公元前485年，勾践回到越国五年了。越国国库充实，土地富足，百姓愿意为他效命。于是勾践想要一雪会稽之耻。范蠡觉得时机还没有成熟，劝阻说："虽然我国人心所归，但时机还没有成熟，如果非去不可，对我们是十分不利的。"大夫逢同劝勾践不要伐吴。勾践接受大臣们的意见，决定继续隐忍下去。

在这期间范蠡的第一个计策——美人计开始发挥作用。他在越国找到两个擅长纺织的美女——西施和郑旦，教她们歌舞，并授予她们辱身报国的特殊使命，主要有三件大事：让夫差沉溺于酒色之中，荒废他的国政；怂恿吴王对外用兵，消耗他的国力；离间吴王和伍子胥，让他失去忠臣。西施、郑旦被送进宫后很受夫差宠爱。不久之后，郑旦病死，夫差更加宠爱西施。

范蠡的美人计成功之后，开始实施第二条计策：把吴国的府库掏空。他假借越国遇到灾荒，向吴国借粮十万石。因为伍子胥反对，太宰伯嚭却非常赞成，夫差开始犹豫不决。他和西施说起这件事，西施说道："你每天以英雄自诩，却连这点事都决定不下来。各国之间本来就存在相互帮助的传统，当年秦穆公还卖粮食给敌国晋国呢。"接着又说："晋国的君王有罪，可是晋国的百姓是无辜的呀！如今越国是您的属国，越国的百姓是大王的臣民，难道您想要让自己的臣民活活饿死吗？"

西施把夫差说得羞愧难当，次日就下令把十万石粮食借给越国。第二年，越国粮食大丰收，越国把如数把粮食还给吴国。吴王看见越国还来的粮食颗粒饱满，就下令把这批粮食作为粮种。一年之后，吴国却是颗粒无收。吴国人还认为越国的粮种在吴国水土不服，只埋怨吴王下决定前不了解情况。却没想到这是越国的一条毒计：其实那是用水蒸过的十万石粮食。

范蠡有着杰出的政治才能，他每次都可以把危机化为转机，特别是对美人计的理解和使用已经达到极致，也正是美人计的完美使用才让越国有了翻身的机会。

除了具有杰出的政治谋略外，范蠡还有聪明的经济头脑。他在经济上主张"知斗则修备，时用则知物"、"旱则资舟，水则资车"、"平粜齐物，关市不乏"、"贵上极则反贱，贱下极则反贵"等观点，强调人们在尊重客观规律的同时可以把这些规律运用于经济现象的变化中。通过范蠡这些思想的运用，越国开始强大。

公元前482年，时机终于成熟。越王勾践趁着吴王夫差到黄池与晋国、鲁国会盟的时候，率大军攻打吴国的都城姑苏，把太子友活捉，逼迫夫差求和。公元前475年，越军攻打吴国，重创吴军，围困两年后，都城姑苏被攻破，夫差自杀。灭吴兴越的大业终于被越国君臣实现。

本应接受封赏的范蠡在这时却急流勇退，坐船漂洋过海到达齐国的海滨，改名为鸱夷子皮，他在海滨开始发展农业、渔业、盐业等生意。经过几年的用心经营，他终于成为远近闻名的大富豪。这时候，齐国人发现了他的才干，让他当了三年的齐国宰相。

"富好行德"是范蠡的思想，他曾经对人说："能为家治理千金的产业，做官能到宰相的地位，这已经到来极致，长期享用这样的荣华富贵，是不吉利的。"于是，范蠡归还了齐国的相印，把自己的家财分给亲友和乡邻，悄悄离开了海滨，定居到陶地，重新开始经商，成了历史上有名的陶朱公。

范蠡早年的时候曾学习算计，理财的方法。这次，范蠡重新经营商业，自然驾轻就熟，成为商人中的佼佼者。他每天买贱卖贵，与时逐利。积聚资财巨万，很快又成了富翁。他的经商的方法，一是把握好供求关系，二是把握好物价贵贱的差幅，三是加快资金的周转率，这样让自己可以立于不败之地。

因此，范蠡被称为"兵家奇才，商家始祖"。

范蠡在陶地死去。他一生中的三次搬迁都有美名，流传与天下，被后世所敬仰。

复兴一个国家，灭亡一个国家。被称为"兵圣"的孙武没做到，被称为"智圣"诸葛亮也没能做到。但是他们两个的遭遇都很相同，"出师未捷身先死"只活到五十出头，似乎都成了他们的命运。范蠡却与他们不同，他办到了。他不仅复兴了越国打造了以弱胜强的光辉事例，而且还善于保护自己，安享晚年，到古稀之年寿终正寝。

范蠡的一生就是一个传奇，他的前半生帮助越王勾践消灭越国兴盛吴国，功勋卓著，值得后世重视。他的后半生却更值得世人加以总结。他的后半生跌宕起伏，让后人更加敬仰和钦佩。他的一生大致经历了辞职经商、以农为本、农牧结合、弃农经商四个阶段。这四个阶段之中，最后一个阶段是他的资产由"十万"到"千金"，再到"巨万"的重要积累过程。这一阶段，他不仅需要大胆的挑战传统的"贱商"、"抑商"的观念，而且还需要创造出新的经商理论与经验。在中国社会历史由奴隶社会向封建社会的转变过程中，范蠡顺应时代发展，率先得到了成功。人们开始疑问为什么范蠡做官、种田、经商每样都等如此成功呢？其中的原因当然有很多，但最必不可少的一条就是有文化。如果范蠡还有什么其他可以被后人所敬仰的那就是著名的西汉史学家司马迁对他所评价的："富好行其德者也。"

观察范蠡的一生，他凭借出色才智，让史书上的春秋晚期有了吴越争霸的传奇战例，而范蠡在凭借自己的才能辅助越王兴国，当达到自己的人生最高峰的时候，却又能掌握进退及时退隐从商。后人曾这样评价范蠡："文种善图始，范蠡能虑终。"，文种的命运结局就有些悲凄，相比之下，范蠡的智能之光就显得更加耀眼夺目。

孙武——兵学圣典的创造者

人物名片

孙武（公元前535~?），字长卿，出生于齐国乐安。是春秋时期非常著名的军事家、军事理论家。孙武曾经率领吴军一举歼灭楚国的军队，攻占了楚国的国都郢城，楚国名存实亡。孙武被誉为"兵经"、"兵家鼻祖"。他的著名作品有《孙子兵法》，直至今日仍是兵法家所推崇的对象，被冠以"兵学圣典"的美誉，列为《武经七书》之首，成为世界上最著名的兵学典范之书。

人物风云

孙武的祖先妫满曾经被周朝天子册封为国君。后来因为陈国内乱，孙武的直系远祖妫完便带着一家老小逃到了齐国，投奔了齐桓公。齐桓公因为久仰陈公子妫完的大名，清楚他虽然年轻，但是才华横溢，就让他担任管理百工之事的工正。妫完在齐国定居之后，把姓氏改田，所以他又被称为田完。一百多年之后，出了很多人才的田氏家族，经过几代的努力，已经在齐国成为地位显赫，领土广阔的大家族。田完的第五世孙田书，因军事才能出众，领兵伐莒有功，齐景公把在乐安的一块采地封给了他，并赐姓孙氏。于是，田书又被叫为孙书。孙书的儿子孙凭，做了齐国一人之下万人之上的官员卿，孙凭就是孙武的父亲。

出生在贵族家庭的孙武，有着良好的学习环境，让他可以阅读《军政》这样的古代军事典籍，了解黄帝称霸天下的作战经验和伊尹、姜太公、管仲的兵法。在战乱的时代，善于带兵作战祖父、父亲也让他从小就能亲身经历一些战争，这为培养孙武的军事才能提供了更加优越的条件，因此孙武也算是一个幸运儿。

当时，齐国国内局势紧张。齐景公初年，左相庆封把右相崔杼推下相位。

紧接着，田、鲍、栾、高四大家族又联合起来赶走来庆封。后来，国内局势越来越混乱。孙武对内部斗争十分反感，不愿卷入其中。于是，他产生了远走他乡、去别的地方施展才华的念头。当时，南方的吴国从寿梦称王以来，联合晋国讨伐楚国，国势强盛，有兴起的趋势。于是，孙武认定吴国是他施展才能和实现梦想的理想之地。大约公元前517年，孙武正值年轻气盛，他毅然离开乐安，经过长途跋涉到达吴国。

到达吴国后，孙武结识了由楚国而来的伍子胥。伍子胥原本是楚国的名臣也是一个很有才能的人，因为公元前522年，父亲伍奢和兄长伍尚被楚平王杀害，所以逃到吴国。他立志要兴兵伐楚，为父兄报仇。两人志同道合，谈得十分投机，于是结为好友。那时，吴国的局势也不稳定，两人便决定暂时先隐居，以后再找机会施展才能，实现理想。

公元前515年，吴国与楚国交战，国内空虚，吴国公子光利用这个机会，派刺客杀害了吴王僚，自立为王，称阖闾。因为他的王位是靠不正当手段得来的，所以非常重视人才。他知道伍子胥原来是楚国的名臣，于是派人找到他并委以重任。阖闾体恤民情，不贪图美味与女色，注重生产的发展，城垣的建筑，军队的训练，因此很受百姓拥戴。经过一段时间的努力，吴国开始繁荣起来。孙武在吴都郊外隐居期间，对吴王的所作所为也很清楚，因此他对自己的前途更加抱以希望。在隐居之地，他一边灌园耕种，一边用自己以前所积累的知识写兵法，并让伍子胥向吴王推荐自己。

公元前512年，吴国国内局势稳定国库充盈，军队强悍，于是，决定讨伐楚国，一切准备完毕。伍子胥趁机向阖闾提出，长途战争，要夺取取胜需要有一位富有谋略的谋略家负责筹划指挥军事。他向吴王举荐了孙武，吴王想看看孙武是否真的具有像伍子胥所言中的才干，于是接见了他。

孙武把写的13篇兵法献给吴王。吴王看完之后对孙武赞赏有加。但是他身为一国之君怕孙武只是一个纸上谈兵的人，于是他想对孙武进行考验，于是说："我已经看过了你的兵法了，写得很好，让我受益不浅，但是在实战你是否能把理论运用其中，你能试着指挥一下队伍吗？"孙武回答道："可以。"吴王又问说："先生计划用怎样的人去练兵呢？"孙武答："根据您的意愿，用什么样的人都可以。不管是高低贵贱，男女都可以。"想给孙武出个难题的吴王于是派出一百八十名后宫中的美女交给孙武操练。他想：若能将我后宫中的美人都练好了，那这个人真有本事。

孙武知道这是吴王在故意刁难他。他决定展现一下自己的才干，不能让这么多年的兵法白写的。于是，一百八十名宫女被他分为左右两队，吴王宠爱的两个妃子担任队长。孙武站在指挥台上，认真讲解操练要领。一切安排完毕，孙武开始击鼓发布命令，尽管孙武三令五申，但是宫女们就是不听命令。孙武说："是我规定的不明确，你们对军法不熟悉，错在我。"于是又重申了几次，但是效果不变。孙武说："如果规定不明确，你们对军法不熟悉错在我；但是已经反复地说明了，你们仍不执行命令，那就是队长的错了。"于是孙武召集士兵，根据兵法，要斩杀两位队长。

爱妃要被杀，吴王马上派人下令说："我已知晓将军才干，请将军不要杀害每日陪我的妃子。"孙武毅然说道："您既然已经任命我为将军，将在军中，君命有所不受。"于是孙武杀死了两个妃子，又重新选了两个队长，继续操练。在这之后宫女们非常听话，操练很成功。吴王虽然痛失爱妃但也明白到孙武不仅仅是一个纸上谈兵的人，他绝对是可以帮助自己成就霸业的将才。于是，他封孙武为将军，让他日夜练兵，准备攻打楚国。

公元前512年，楚国的属国钟吾国、舒国被阖闾、伍子胥和孙武率领吴军攻克。这时被胜利冲昏了头阖闾，想要长驱直入攻打楚都郢。孙武认为不妥说道："楚军是天下第一的强敌，不是舒国和钟吾国能比较的。我们已经连续攻克了两个国家，人疲马乏，军资消耗，不如暂且收兵，蓄精养锐，再等良机。"吴王听后感觉有道理，于是班师回朝。

班师之后伍子胥和孙武一起组织三支强大的军队，轮番对楚国进行袭扰，经过车轮式的袭击战楚国被搞得军队疲惫国库空虚，一些小的属国纷纷叛离。

公元前506年，楚国攻打蔡国（吴国的附属国），于是，阖闾和伍子胥、孙武指挥的三万精兵，到达蔡国与楚国的交战地。在楚军放弃进攻蔡国，集中抵抗吴军的进攻之际。孙武突然放弃战船，改为从陆路进攻。伍子胥问孙武："熟悉水性、善于水战的我们，为什么要改为从陆路进军呢？"孙武答道："作战讲究的速度。走敌人想不到的路，可以打它个措手不及。逆水行舟，速度迟缓，楚军一定早有防备，那样很难战胜敌人。"伍子胥很佩服他的才能。

于是，孙武挑选三千五百名强壮机敏的士兵作为先锋。到达汉水东岸，孙武领兵后撤，引诱楚军追击，三战三捷。此后两军在柏举决战，孙武用先发制人打乱敌军阵脚，然后吴王领主力对其围歼，大获全胜。之后孙武用半渡而击、趁楚军用餐时攻击等灵活战术打败楚军。仅用了十天的时间，孙武以三万之师战胜二十万楚军，创造了以少胜多的光辉战例。

但是，越国这时却借着吴军伐楚的时机开始进攻吴国，秦国帮助楚国也出兵对付吴军，于是，阖闾带领士兵返回吴国。

公元前496年，越王允常逝世，阖闾听闻新即位的越王勾践年轻，越国国力不稳，认为伐越时机已到，不听孙武等人的劝告，没有准备完毕就仓促出兵。不料，勾践整顿军队，主动迎战，两军在吴越边境相遇。虽然勾践还年轻，但却想出了妙计对付吴军，他先派死刑犯出阵，站成三排，把剑放在脖子上，一个个陈述表演之后，在阵前自刎。吴国的士兵不知道那些人是罪犯，越军趁着他们一个个看傻了眼，愣神的过程中发起战争，吴军仓皇逃跑，阖闾也被重伤身亡。

孙武和伍子胥重整军队，想要辅佐吴王夫差一雪前耻。公元前494年春，勾践集合大军从水上向吴国进攻，夫差在夫椒（今江苏苏州西南太湖边）率十万精兵迎战，在孙武、伍子胥的联合指挥下，在夜间吴国大军被分为两翼，高举火把，在黑暗里只看见这些被安排的诈兵手中的火光被连成一片，向越军快速地前进，喊杀之声震天，越军见状惊恐万分，军心被动摇，吴军趁机向越军发起总攻，越军战败，在吴军的追击下勾践带领着五千名士兵只能跑到会稽山（今浙江绍兴市东南）上凭借一个小城中的险要地势顽强抵抗。因为越军被团团包围，勾践只有被迫向夫差投降。夫差以为勾践已经是败军之臣，也不会再有什么大的作为，所以没有听取伍子胥的劝告，下令接受勾践的求和要求。

公元前484年，孙武杰出的军事才干再次显露出来，他在艾陵之战中帮助吴王夫差战胜齐国，因此让吴国的国威大振，两年后，在黄池会盟中吴国成功取代晋国成为诸国的霸主。在司马迁的《史记·孙子吴起列传》中，曾评价说：

"(吴国）西破强楚，入郢；北威齐、晋，显名诸侯，孙子与有力焉！"

虽然孙武帮助吴国成为了诸国的霸主，但是夫差却一日日变得骄奢淫逸、专横强制，不再听取忠臣的良言而开始听信谗言，最终中了勾践的使出的"美人计"，对他最为忠心的伍子胥也被他逼死了。最后吴国的命运果然不出伍子胥所料，勾践卧荆尝胆十年、积蓄军力突袭吴国，吴国战败，夫差自杀。

那么孙武最后的命运是怎样的呢？到现在为止没有人能够说清楚。其中一种说法是，在吴王夫差建立霸业之后，孙武看见自己的好友被吴王逼死了，明白"飞鸟尽，良弓藏；狡兔死，走狗烹"的道理，为了避免和好友一样的命运，所以退隐山林，重新去写他的兵法了。还有的说法就是，他又回到齐国，在自己的家乡隐居当了老师将自己的兵法教授给徒弟们。总之，他的结局还算不错。

吴起——战国初期卓越的军事家

人物名片

吴起（公元前 440～前 381 年），卫国左氏（今山东曹县北）人，善于用兵。战国时期著名军事家、统帅、军事改革家。《汉书·艺文志》著录《吴起》四十八篇，很早就丢失了。现存的《吴子》有六篇。

人物风云

吴起，起初担任鲁国的将领，后来又担任魏国的将领，战功卓著，被魏文侯任命为西河守。魏文侯死后，他被人陷害，逃到楚国，开始的时候担任宛（今河南南阳）守。不久之后，又担任令尹，帮助楚悼王实行变法："捐不急之官"，裁减冗员，整顿统治机构"明法审令"，"要在强兵"。"废公族疏远者"，逼迫旧贵族到边远的地方去开荒。这些的变法使楚国的开始变得富强。曾经北胜魏国，南收扬越，成功占领苍梧（今湖南、广西）。楚悼王死了之后，吴起被旧贵族杀害，变法也失败了。

史料没有记载吴起的家庭出身情况，但是，从"其少时，家累千金，游仕不遂"可以分析出，他的家庭很有可能是经商致富的平民，也就是说，吴起出生在一个富裕的家庭里。

吴起在小的时候就很聪明好学，很受家里人的喜爱，他的父母更加视他为掌上明珠。吴起小的时候，父亲就去世了，在母亲的教育下吴起每日学习文章练习武艺。吴起的母亲是一位开明、豁达的出身于书香门第的贵族夫人，在吴起的成长过程中起了重要的引导作用。

吴起在年少的时候抱负远大，特别对军事很是喜欢，每天舞枪弄棒，常常梦想成为将军建功立业。为了让自己远大的梦想实现，他不惜花费重金，离开家乡，开始游历各国，希望能够得到诸侯的重用，施展自己才能，闯出自己的事业。但是，他处处碰壁，家道也开始破落。家乡的一些闲来无事之人在这时嘲笑他是无能之人。吴起没有韩信的好脾气，一怒之下杀死三十多个嘲笑他的人，准备逃离卫国。与母亲诀别之时，他咬掉自己手臂上一大块肉起誓说："我吴起如果做不成卿相这类的大官就再也不回卫国了。"

于是，他逃到了曾子的门下，拜曾子为师开始学习儒术。这时的鲁国"三桓"的势力已被大大减弱，主政的是公仪休、孔仅等儒者，作为一个三流的小国鲁国只是艰难地维持着。一年之后，吴起母亲去世的消息传来，吴起的老师曾子以为他会回家奔丧，没想到吴起第二天依然来上课，曾子很吃惊，向吴起问起这件事，吴起很不在乎地回答说："母亲已经去世了，回去也不能改变什么还不如继续学习呢。"按照惯例，母亲去世了吴起作为儿子应该回去守孝。吴起觉得自己一事无成愧对母亲，所以没回去。从这件事，我们可以看出吴起是个信守承诺之人。虽然吴起这种精神值得表扬，但是他的老师曾子是个大儒，看见自己的徒弟没有孝心失了面子，就把吴起赶了出去。被赶出后的吴起，改到鲁国学习兵法。从儒学跳到兵家，一个主张仁一个主张武，两者完全是相反的思想。因此可以看出吴起是一个头脑灵活的人，懂得及时改行。

儒家思想的学习对他后来的政治实践活动也有一定的影响。但是，吴起也深深感觉到儒家的学说很难适应时势的需要，所以他开始转读兵书，并最后投身到兵家之中。从此中华的大地上少了一名儒士，多了一位名将。

吴起离开曾子之后开始研读兵书，并用他的军事才能辅助鲁国的国君鲁穆公。公元前412年，齐宣公下令让大将项子牛率大军进攻鲁国的莒和安阳。敌强我弱的情况下，鲁国君臣开始恐慌。鲁穆公环顾群臣很难找到可以统兵御敌的将军。因为吴起经常提出一些治兵之策，在这生死关头，吴起被推荐给了鲁穆公，鲁穆公也将希望寄放在了吴起身上。但是这时有人提出吴起的妻子是齐国人，并借此对他统兵挂帅提出异议。吴起听闻此事，思考再三只能痛下决定用妻子的性命来换取功名。

　　残忍地杀妻之后，吴起得到了鲁军统帅的桂冠。很多人会说吴起真是人性泯灭！成大事者，都是要为其付出相应的代价，只是吴起的代价太大了点。

　　之后，吴起在治军方面对自己严格而对他人宽容，能够和士兵同甘共苦，所以士兵都愿意为他效命。吴起率领大军到达前线之后，没有立刻和齐军开战，而是向齐军表示愿意谈判，先向对方示弱，以老弱的士兵在军中驻守，给敌军制造一种"弱"、"怯"的假象，来麻痹齐军将士，让他们骄傲使他们懈怠，然后出其不意地用精兵向敌军发起进攻。齐军慌乱应战，一战即败，死伤过半，鲁军大捷。就这样，吴起指挥鲁军创造了一个以少胜多、以弱胜强的光荣战绩，不仅让鲁国转危为安，也让自己跻身在名将之林，闻名列国。

　　吴起立下战功之后，不仅没有受到相应的表扬，鲁国旧贵族势力反而开始对他进行疑忌和排斥。那时，鲁国的朝政黑暗腐败，朝野上下很多奸臣。吴起战胜还没回朝，他们就开始在糊涂君主鲁穆公面前说各种恶毒的言语消除鲁穆公对吴起的信任。糊涂的鲁穆公听信了这些小人的谗言解除了吴起的兵权。身处如此黑暗的鲁国，面对如此糊涂的君王，吴起对他们彻底地绝望了。

　　之后，吴起听说文侯魏斯很重视人才，于是就离开鲁国到魏国去寻找出路。

　　吴起到达魏国之后。魏文侯因为早就听闻过吴起的大名，知道他是一个很有才能之人，于是就让他来担任将领。吴起指挥大军和诸侯大战七十六次，大捷六十四次，开拓土地千里，攻占五座秦国的城池。立下了赫赫战功！

　　吴起这么能打仗到底有什么过人之处呢？

　　《史记》曾经记载说："起之为将，与士卒最下者同衣食，卧不设席，行不骑乘，亲裹赢粮，与士卒分劳苦"。也就是说：当将军之后的吴起，还能和士兵同甘共苦，和最下等的士兵穿同样的衣服吃同样的饭，睡觉也不铺席子，行军也不骑马，亲自去挑选士兵的粮食，分担士兵们疾苦。

由此可以看出，吴起的过人之处就是他懂得爱护战士。有这样的主帅，哪个士兵不为他卖命呢！

有一次，一个刚入伍的新兵在战争中受了伤，但是当时战场上医药资源匮乏，打完仗退回到后方的时候，那个小兵的伤口已经开始化脓生疽。在巡营的时候吴起发现了小兵的情况，他二话没说，马上蹲下来，为那个小兵亲自用嘴吸吮伤口、消炎疗伤。那位小兵看到将军竟然如此爱护自己，感动得痛哭流涕，无语凝噎。其他士兵看到之后，也备受感动。但是那位士兵的母亲听到这件事之后，却大哭起来。大家都以为她是因为感动才哭的，没想到她却说："我是在为我儿子担心呀！你们有所不知，当年孩子的父亲受伤的时候将军也为他吸吮过伤口，结果他父亲对吴将军的恩情念念不忘，在战场上舍生忘死英勇杀敌，最后在战场上战死了。我的儿子难道也要走他父亲的后路啊！"因为吴起善待士兵，士兵们也全心全意为他效命。

看到吴起如此善于用兵，廉洁不私，公平待人，很受将士们的拥护，魏文侯就任命他为西河守，来抵抗秦国和韩国。吴起不仅很受魏文侯的器重，他成就也很突出，公元前396年，魏文侯去世，魏武侯继位。公元前390年，吴起受到了一些大臣的排挤，被迫奔走楚国。

因为吴起在魏国时政绩突出，战功赫赫，所以他刚到楚国，楚悼王就开始重用他。先让他担任了宛（今河南南阳市）守，让他抵御韩国和魏国。一年之后，被升为令尹，主持变法。吴起变法，首先开始打击大贵族，对楚国的旧贵族进行了整顿。

由于吴起变法对楚国旧贵族的打击，有效的加快了楚国封建化的进程，让他的国力迅速强盛起来。公元前381年，魏国的进攻赵国，赵国向楚国求救。楚国派兵进攻魏国解救赵国，魏军大败。却不想，吴起在变法的同时，打击了楚国大贵族即将得到的政治经济利益，受到大贵族的强烈反对。吴起"令贵人往实广虚之地，皆甚苦之"，楚国的贵族们都想要杀害吴起。楚国的官员都是楚国王室的宗支，绝对不允许外姓的人插足。作为一个外诸侯国的异姓人的吴起，跻身在楚国上层贵族社会之间，凭借着楚悼王的信任，打击大贵族特权和利益，阻力可想而知。

楚悼王在战争大胜这一年病死，楚国的旧贵族们乘机作乱，对吴起进行围攻，吴起逃到楚悼王的尸体旁，被旧贵族用乱箭射杀，但是同时也射中了楚悼王的尸体。楚国的法律规定："丽兵于王尸者，尽加重罪，逮三族。"群臣射中悼王尸体的人，尽当其罪，因此贵族被移除宗室七十多家。但是变法也因为楚悼王和吴起的死而受到阻碍而失败。

虽然吴起变法失败了，但这次变法却在楚国贵族的政治却起来不可忽视的作用。吴起在变法中所采取的各种措施政策为楚国的政治环境留下了深刻的影响。就像《韩非子·喻老》所说的："楚邦之法，禄臣再世而收地"；《淮南子·人间训》也说："楚国之俗，功臣二世而绝禄。"这些现象和吴起在变法中提出的"封君三世收其爵禄"的政策措施相同，也就是说这是在吴起变法以后才出现的。不能否认，吴起的变法加速了楚国贵族政治向官僚政治的转变。吴起虽然被迫害了，但他和李悝相同，都给后来实施变法改革的商鞅提供了深刻的启示。

司马迁曾说过："《吴起兵法》，世多有，故弗论，论其行事所施设者。"可以看出后人不仅把吴起看作军事家看待，更把他看作政治家、改革家来看待。他一生在三国担任要职，在鲁国时，鲁国获胜；到了魏国，魏国强大；进入楚国之后，楚国又变得昌盛，想要变法图强，却触犯了旧的规章，因此犯难遇险，虽然因此去世但是名字却流传下来。

孙膑——鬼谷子的爱徒

人物名片

孙膑（？～前316年）的原名叫孙伯灵，由于他受过古代的一种刑罚膑刑，所以被人称为孙膑。孙膑是著名的军事家孙武的后人，出生于山东阳谷县一带，是我国春秋战国时期著名的军事家,有《孙膑兵法》一书,流传于后世。

人物风云

孙膑的故事,想必每个人都耳熟能详了,他是军事家孙武的后人,并且传承了这一优良"基因",长大后的孙膑也不负众望成就了战国时期的一段兵家传奇。

相传孙膑和庞涓都曾经拜在鬼谷子的门下一起学习兵法,到后来庞涓的军事才华得到了魏惠王的赏识,封他做了将军,并且对他是无比得信任,可是庞涓一直认为孙膑的才能要远远高于自己,心有不甘,于是便偷偷派人将孙膑骗来,想寻找个机会除掉他。孙膑对于这个师兄一点防范之心都没有,来到之后毫无保留地和庞涓探讨军事要略。庞涓对于孙膑所表现出来的才华坐立不安,心中充满了嫉恨,于是便寻了个机会陷害孙膑,还假借法令令人削去了孙膑的膝盖骨,甚至还在他的额头上刺了字。庞涓这么做的目的就是让孙膑再也不能出现在世人面前,这样就不能和自己的才华相比了。但他的这一做法不仅没有圆了他那高枕无忧的梦,反而为自己的失败和性命挖掘了坟墓。

天无绝人之路,命运不忍孙膑的才华被埋没,更是不忍孙膑承受这样的不白之冤,于是便给他安排了一个别样的人生。孙膑受刑没多久,齐国有一位使者来拜访魏国大梁,孙膑知道这个消息以后,便以刑徒的身份偷偷与这位使者见面,把自己的凄惨经历告诉了齐国的使者,使者听后比当事人还要伤心动容,再加上孙膑无人媲美的军事才略,遂决定帮助孙膑脱离苦海,于是便上演了一幕偷渡的戏法,将孙膑从魏国偷偷地运回了齐国,他的这一小小的善心举动为齐国带去了一位旷世奇才。当时齐国的大将田忌对于孙膑的军师才能极为赏识,把他当成自己的上乘宾客,以最好的礼遇相待。

大将军田忌经常和齐国宗室的一些贵族公子一起参加一个赛马比赛,但是这位田忌将军几乎逢赌必输。孙膑为了报答田忌的知遇之恩,对他们的赛马经过一番研究后发现,他们所选用的马匹脚力都差不多,却也有上、中、下三个等级之分。于是计上心头,他对田忌说:"下一次的赛马比赛您就放心大胆地下大赌注,我一定会让您把输掉的钱都赢回来。"经过一段时间的相处,田忌早就对孙膑的话深信不疑，于是用千金作为赌注。比赛快要举行的时候，孙膑向田忌说了一个让他稳胜的办法："第一回合的比赛，您可以用下等马来与他们的上等马做些时间上的周旋；第二个回合的比赛则是您用上等的赛马来和他们的中等马相比；而到了最后一场的比赛，就可以用您的中等马与他们的下等马相比了。"这样下来，三局赛马，田忌将军就是两胜一负，成了最终的赢家，得到齐王的千两黄金。这个故事似乎人尽皆知，但又有几人能知道个中智慧竟是来源于孙膑呢！

田忌深知孙膑的才华不仅仅局限于此，他的谋略将会给齐国带来福音，于是便把孙膑举荐给了齐威王。齐威王也是一个慧眼识人的君王，在与孙膑的兵法商讨中，了解到了这位旷世奇才的难能可贵，立即就要封他为大将军。后来，魏国围困赵国，赵国深陷危难之中，派人向齐国请求援兵。齐王想派遣孙膑为统帅支援赵国，却被孙膑谢绝说："我是一个受过膑刑的人，身体遭受损害，怎么适合担当如此重任呢？"齐王没有加以勉强，于是又封田忌为将军，让孙膑做军师随军出行，以便为田忌出谋划策。

田忌当时只想带兵与赵国的军队相会，共同抵御魏国，但是孙膑却劝阻道："要想将缠结在一起的绳子解开，只有一个可行的办法，便是找到他的结头，切不可拿起石头乱砸一通；而如果要想将打架的人分开，更不可以帮衬着一方攻打另一方。应该找到重点，避开魏国的主力，找到他虚弱的环节，第一时间在战争形势上压制住敌方，那么危难也就自然地解开了。就像这个时候，魏国出兵攻打赵国，那么魏国的精锐兵力必然在前线与赵国周旋，而他们国内反而只剩下了老弱残兵，这就是他虚弱的地方。您不妨带领着士兵们包围魏国大梁，将他们的交通要道阻塞，攻打它最弱的防线，当魏国听到这个消息的时候，自然就会放弃攻打赵国的机会，而带领自己的士兵赶来以求自保。这样，我们不但完成了围魏救赵的军令，更是将魏国虚弱的环节已经打探清楚，达到敲山震虎的效果。"

田忌按照孙膑的计谋行动。果然魏军自顾不暇，放弃了对赵国的围困，带领大军返回的途中，在桂陵又遭到了齐军的埋伏，大败而逃。

这一次的围魏救赵充分显示了孙膑的智高一筹，如果当时庞涓放下自己的嫉妒之心，也就不会自掘坟墓，让自己落得个拔剑自刎的下场。

公元前341年，魏国和赵国联手攻打韩国，韩国也派遣自己的使者向齐国求救，请求支援。于是齐威王又派遣田忌为大将军，让孙膑作为军师，带着自己的军队直取魏国的首都大梁。而魏国将军庞涓得知这个消息之后，便停止对韩国的进攻，率领自己的部队从韩国赶到魏国，但是齐军这时已经越过西部的边境，攻入魏国。孙膑对于这次的行动又想出了一个良策，他向田忌建议道："我们可以抓住三晋士兵一向自恃过高、轻视敌军的弱点，假设兵败逃亡，他们必定会趁势追赶，而我们只要沿途做好埋伏，将他们一网打尽就可以了。"孙膑随后又说出来一条具体的实施方案："在魏齐两军对垒时，齐军假装不敌，仓皇而逃，在退军的过程中，第一天可以让士兵挖十万个炉灶，而第二天则是挖五万个炉灶，到了第三天就只挖三万个炉灶，这样魏军会以为齐军因为每天的士兵逃亡，而人员减少，战斗力下降，他们就会不顾一切地追击，不会放过这个大获全胜的机会。"

果然，正如孙膑所说，庞涓看着齐军的炉灶一天天减少，便高兴不已地说："齐军的懦弱无能我原来就早有耳闻，现在看来也是所言不假，才进入我魏国三天，他们的士兵就已经逃亡过半了，真是天助我也！"于是便让步兵原地等待，只带领着自己的一部分精锐兵力，去追赶田忌的部队。

孙膑估计着庞涓在天黑前则可到达马陵一带，而马陵的道路比较狭窄，两边多有险阻，于是便让士兵埋伏在这等待着庞涓部队的到来，他命人将路边大树的树皮削去，在上面写道："庞涓将死于此树之下。"然后又命令齐国擅长射箭的一万人在旁埋伏，做好万全的准备。庞涓果然不负孙膑的"看重"，夜晚准时来到这棵大树下，看见白色的木头上被人刻上了字，拿着火把凑近前去，还没有来得及看清楚树上所写的字，齐军就已经万箭齐发，魏军顿时大乱阵脚，哀嚎声一片。庞涓这才知道中了孙膑的圈套，可已经走到了无法挽回的地步。

饶是这样，他心中还是不甘心，在他举剑自刎前慨叹道："没想到最后却是让孙膑这小子成就了一番事业！"随后，自刎于树下。齐军趁势一鼓作气，将魏军全部歼灭，并且还俘虏了魏国的太子申。齐国在这次战役中是全胜而归，孙膑的人生从此也带上了传奇的色彩，名扬天下。

乐毅——善于以少胜多的将军

人物名片

乐毅（生卒年不详），子姓，乐氏，名毅，字永霸，战国末期著名的军事家，拜燕上将军，受封昌国君，辅佐燕昭王振兴燕国，报了强齐伐燕之仇。出生于中山灵寿，魏将乐羊后裔。公元前284年，他统帅燕国等五国联军攻打齐国，连下七十余城，创造了中国古代战争史上以弱胜强的著名战例。

人物风云

在战国晚期的七雄中，燕国相对来说是非常弱小的，根本没有资格参与到逐鹿中原的争斗之中。燕易王去世之后，并没有把王位传给了太子升，而是由另一个叫姬哙的王子继承了他的王位，被称为燕王哙。太子升在没有争夺到王位之后就迅速离开了都城。

公元前315年，燕王听信奸人的蛊惑，为了贪图莫须有的名利，就稀里糊涂地把王位让给了国相子之。他本来就武断专横，大权到了他手里更没有好好地去利用，把一个好端端的燕国弄得乱七八糟，老百姓对他的做法非常不满。燕王哙三年，太子平和将军市想要夺回王权但是失败了。燕国大乱之后，齐国乘机发兵攻打燕国，只用了短短五十天就攻进了燕都蓟城（今北京附近），燕王哙和子之在混乱中被杀死。齐国攻占燕国后肆无忌惮地抢夺钱财，迫害平民百姓，引起了老百姓的不满，其他强国也都谴责齐国，于是，齐国被迫撤军了。燕国的贵族共同拥戴了太子平登上王位，他就是历史上有名的燕昭王。

燕昭王登基之后，一直对齐国杀父之仇耿耿于怀。他节衣缩食体验民情，推行了一系列与民生有关的政策，使燕国日益强盛起来。同时他还招贤纳士，使各国人才源源不断投奔而来，乐毅就是其中一个。

乐毅，他的先祖是战国初期魏国的名将乐羊。魏文侯四十年（公元前406年），乐羊率领魏国大军灭了中山国，因为军功卓著被封在灵寿。之后，灵寿成了赵国的地方，乐毅家族就成了赵国的臣民。他品行端正，聪颖好学，嗜好兵法，是因为乐毅从小在一个特殊的家庭环境下受到潜移默化的熏陶，这就为了他以后建功立业的抱负理想，铺下了坚实的道路。

战国时期战争频繁，在这种特殊的环境下，上层的阶级地位提高的很迅速，就出现了"邦无定交、士无定主"的局面。有抱负有才华的人怀着建功立业的愿望，为了求在历史舞台上大显身手。纷纷投靠明君。

这个时期的乐毅也是走的这条道路。刚开始，他因为才华出众和善于用兵之术被提拔为赵国官吏。赵武灵王二十七年（公元前299年），赵国发生了沙丘动乱，政局动荡，乐毅很失望，并做出了离开赵国的决定。投奔魏国之后在那里担任大夫一职。不久，乐毅在出使燕国的过程中，遇上了他人生道路里重大的转机，遇见了燕昭王。于是，乐毅放弃了魏国给的优厚待遇，毅然决然地留在燕国，担任"亚卿"这一重要的职位（仅次于上卿的高官），帮助燕昭王主持军国大事，辅助他上演了一出"克齐兴燕"的历史话剧。

从那以后，乐毅训练燕军的同时还在辅佐燕昭王进行政治改革。经过二十多年的努力，燕国变得很富有，国库充盈，士兵们喜欢作战，为进攻齐国做好了必要的条件。乐毅本人也成了一颗脱颖而出的璀璨将星。

燕昭王三十八年时，燕国已经有强大的军事实力，算得上是国富民强。这时燕昭王见乐毅说："我想攻打齐国报杀父之仇，你看现在可以吗？"乐毅说："可以。但齐国是大国，常言道'瘦死的骆驼比马大'，光靠我们自己的力量恐怕还是他打不过他，一定要联合其他同齐国有矛盾的国家一起攻打他，到那时肯定有必胜的把握。"

这个办法最后被燕昭王接受，他派乐毅去赵国与赵惠王商量攻打齐国，并请赵国用讨伐齐国为理由诱惑秦国让他们给予援助。又派剧辛分别联络楚国和魏国。当时各国都因为厌恶齐愍王骄暴，听说要联兵讨伐齐国，所以都表示十分同意。

在公元前284年，乐毅返回燕国之后，燕昭王派乐毅当上将军，同时赵惠王也把相印交给了乐毅，乐毅率领全国的将士和五国的军队联合起来兴师伐齐。齐湣王听到这一消息后，亲自率领齐军主力在济水（在今山东省济南西北）之西准备迎战。后来两军相遇，乐毅亲自率五国联军向齐军发起猛烈攻势。最后齐湣王失败，带领残军逃回齐国都城临淄。乐毅告诉将士胜利就在眼前，准备亲自率燕军直捣临淄一举灭亡齐国。谋士剧辛认为燕军不能独自灭掉齐国，反对灭亡齐国。乐毅认为齐国军队精英已经丧失，国内混乱，燕弱齐强形势已经逆转，坚持率领燕军借此机会乘胜追击。

后来乐毅率领燕军乘胜追击齐军到了齐都临淄。齐湣王觉得临淄孤城难守就率领少数臣子逃离都城前往莒城（今山东省莒县）。紧接着乐毅用连续进攻、分路出击的战法，攻城夺地，攻打军队到了齐都临淄之后，把所有齐国珍宝、财物、祭器运往燕国。燕昭王很高兴，亲自到济水前来犒赏、宴飨士兵。为了犒劳乐毅，燕昭王把昌国（在今山东省淄川县东南）城封给乐毅，封号昌国君。

五国军队的行动进展很顺利，在半年时间里，连续拿下了齐国七十多座城池，使齐国几乎濒临于亡国的边缘。至此，燕军的战略目标基本上得以实现，乐毅作为一代名将亦名闻遐迩、威震敌胆了。

尽管如此，要知道，哪个天才要施展才华，都要被种种条件所限制着的，乐毅在这方面自然也不例外。他在讨伐齐国战争的最后阶段就遇到了很大的困难。他在齐国前后征战五年，大致上已经把齐国平定了，其他地方都规划到燕国的版图，然而唯独莒城和即墨两座城池一直坚持死守，久攻不下。

这时，乐毅觉得现在燕国前虽然是所未有的强盛，但单靠武力攻破这两座城池肯定不能使他们心服口服，就算是把齐国全部占领了也没有办法进行巩固。于是，乐毅决定对莒城、即墨采取围而不攻的方针，对已经攻占的地区实行减赋税政策，废除不好的政策，尊重当地风俗习惯，保护齐国的本来固有的文化，给予地方贵族好处等等收服人心的政策。希望从根本上使齐国得到瓦解。在当时条件下，乐毅的这种方法不失为一种可行的选择。

公元前278年，燕昭王死后太子乐资登基，称燕惠王。惠王在当太子的时候就和乐毅有矛盾，齐国的将军田单得知这一消息后，就趁机派人去燕国散布谣言说：齐国人都知道燕惠王和乐毅不和，乐毅暂且缓慢攻城就是不敢回燕国，最怕的就是燕国换将领，换了之后城池就会被攻破，那时老百姓就要遭殃了。惠王听了之后果然中计，派骑劫去当大将换乐毅还回国，乐毅知道回去之后肯定对他不会有好结果，就投奔了赵国，将士们都愤愤不平，从此内部就开始不和。田单听说燕国内部不和就组织反攻，燕军落荒而逃，骑劫在撤退途中被杀，燕军一直被驱赶到济河对岸燕国境内，田单收复了齐国全境。

燕惠王非常后悔听信谣言派人代替乐毅，导致军队战败，将军被杀害，之前占领占齐国的土地也丢了。与此同时，他还怨恨乐毅投奔赵国，恐怕赵国会用乐毅趁燕国吃败仗之际攻打燕国。

于是，惠王派人谴责的同时也向他道歉说："先王曾经把全国的将士托付给将军你，你为燕国打败齐国军队，报了先王的杀父之仇，百姓都为你感动，我也时时刻刻记着你的功劳。可是先王刚刚去世，我又刚登基，错信了他人谗言，我之所以派骑劫代替你，因为你经年累月的在荒郊野外露营，怕你太辛苦，所以想请你回来休息和你共商国家大事。你却误听传言，和我产生了隔阂，投奔了赵国。你为自己打算，这样做是合理的，可你怎么报先王的知遇之恩呢？"

于是，乐毅慷慨地写下了著名的《报燕惠王书》，书中针对惠王的无理指责和虚伪掩饰；表明自己对先王的一片忠心，与先王之间的相知相得，斥责惠王对自己的种种责难、误解，抒发了功败垂成的感慨，并以伍子胥"善作者不必善成，善始者不必善终"的历史教训表明自己不为昏君效忠，不学冤鬼屈死，所以出走的抗争精神。燕惠王接到书信后很惭愧，并且对乐毅在燕国的妻儿继续给予很好的照顾，乐毅也像走亲戚一样经常来往于燕赵两国之间。

无情的岁月流逝的同时也将一代名将的双鬓染白如霜，乐毅怀着事业未完成的痛苦和惆怅，寂寞地走到了人生的尽头。

史书上虽然没有记载乐毅在军事理论上有什么建树，但是他指挥燕赵联军连连攻破齐国七十多城池的伟绩，也证明他是一位有才华横溢的军事家。他在《报燕惠王书》中提出的君主用人的思想，封建君主在用人方面的要求；他与燕昭王在攻打齐国的事业中建立的君臣情谊，是封建社会君主和贤士所向往的。乐毅先后在赵国、魏国、燕国出将入相，有了这段丰富的政治生活经历，对他开拓视野，增长才干，叱咤风云、匡建功勋有着重大的影响。

这种机遇的出现与当时出国游历无需持有护照,不用办签证的人才自由流动的环境有关。但是乐毅在燕国做官,同多年来齐、燕矛盾激化的形势更有着不可分割的联系。换句话说,燕国求贤士、求强大,是乐毅成为一代军事奇才的历史契机。

廉颇——战国四大名将之一

人物名片

廉颇(公元前327年~前243年),出生于山西太原。廉颇是战国晚期赵国的名将,和白起、王翦、李牧三人合称为"战国四大名将"。主要活跃在赵惠文王、赵孝成王、赵悼襄王统治时期。廉颇墓,俗称"颇古堆"。

人物风云

廉颇刚勇,用兵持重,多次带领军队打败齐、魏等国。公元前251年,廉颇带领军队击败燕军,被封为信平君,同时担当假相国一职。赵悼襄王时,廉颇不是很得志,投奔魏国。后来赵国一直遭到秦军攻击,想要再次廉颇抗秦将士。廉颇着急想要回国效力,因为权臣从中作梗,没能如愿。后来在楚国居住,忧虑而亡。

赵惠文王初,在东边六国之中,齐国是最强大的国家,它与秦国均为东方强国。秦国想要向东扩大势力,赵国在最前面。为扫除障碍,秦王曾多次派兵攻打赵国。廉颇率领的赵国军队多次战胜秦军。被逼无奈,秦军改变策略,实行合纵。公元前258年,在中阳(今山西中阳县西)与赵国相会讲和,联合韩、燕、魏、赵五国的军队共同讨伐齐国,大败齐军。其中,廉颇在公元前283年,带赵军讨伐齐国,长驱直入齐国境内,攻打并取下了阳晋(今山东郓城县西),威震诸侯。廉颇班师回朝,被封为上卿(上卿为当时最高级的文官,相当于后来的宰相)。秦国虎视眈眈却对赵国不敢贸然进攻,正是怕廉颇的虎威。之后廉颇率军打仗，攻无不克，战无不胜，从而威震各国。

公元前283年，赵国得到和氏璧，强大的秦国愿意用十五座城池来换，于是，赵国派蔺相如出使秦国，蔺相如仅仅只是宦官缪贤门下的"舍人"。经过缪贤向惠文王举荐，带着"和氏璧"，充当赵国使者来到秦国。蔺相如以他的智勇双全完璧归赵，取得了对秦国外交方面的胜利

后来，秦国出兵攻打赵国，并且占领了石城。公元前283年，又再度举兵伐赵，屠杀了两万赵军。秦国大获全胜之后，约赵王在渑池（今河南渑池县西）谈判言和。赵王很担心，表示不想去赴约。廉颇和蔺相如协商之后，认为赵王必须前往，以显示赵国的坚强和果敢。赵王与蔺相一同前去赴约，廉颇在与赵王分别时说："大王您这次前往不超过三十天，要是超过三十天还不回，请立太子为王，断了秦国要挟赵国的希望。"廉颇的大将风度和周密安排，给赵王壮了胆量，同时由于蔺相如渑池会上不卑不亢、毫不示弱地回击了秦王施展的种种手段，不仅使赵国挽回了声誉，而且对秦王和群臣产生震慑，最终使得让赵王平安的回归了赵国。

蔺相如的两次出使秦国，保全赵国不受屈辱，立了大功。赵惠文王十分相信蔺相如，封他为上卿，地位在廉颇之上。

蔺相如地位在廉颇之上，这就使廉颇颇为不服，私底下对自己的门客说："我廉颇攻无不克，战无不胜，立了多少汗马功劳。他蔺相如没什么本领，就靠一张嘴，反而爬到我头上去了。我要是遇见他了非得难为他不可！"

这话传到蔺相如耳朵里，蔺相如就装病不去上朝。

有一天，蔺相如带着门客坐车出门，正好冤家路窄很远就看见廉颇的车马迎面走来。他马上命令车夫让廉颇的马车先过，在小巷子里躲一躲。

这事把蔺相如手下的门客气坏了，他们责怪蔺相如不该这样胆小怕事。

蔺相如对他们说："你们看廉颇将军跟秦王相比较，哪一个势力大？"

他们说："当然是秦王势力大。"

蔺相如说："对呀！天下的各国诸侯都怕秦王。当时为了保卫赵国，我敢当面说他，我怎么会反倒怕廉将军了呢？因为我仔细想过了，为什么强大的秦国不敢侵犯赵国，就因为有我和廉将军两人在。要是让秦国知道了我们两人不和，

就会趁机来攻打我们赵国。就为了这一点，我宁愿忍让一点儿。"

廉颇听说了蔺相如的话后，静下心来仔细想了一想，觉得自己为了争一口气就把国家的利益放在一边真是不应该。反而他更加佩服蔺相如的高风亮节，于是脱去上衣露出肩膀，背着荆条，登门向蔺相如请罪。蔺相如见廉颇来负荆请罪，热情地出去迎接他。从那以后他们俩成了很好的朋友，同心协力保卫赵国。廉颇勇于认识错误、爽朗率直的性格，更让人觉得他可亲可爱。

从此故事中，我们可以看到名将廉颇在认识个人问题和国家问题方面的局限性之后，主动"肉袒负荆"登门请罪，是很难得的气度。到底什么才是名将风范呢？不一定要非高人一等，也不一定非要以自我为中心，廉颇才是真正有大将风范的人，"将相和"也成为了千古美谈。

"将相和"给了我们一个启示，就是人与人之间发生矛盾是在所难免的。矛盾既然发生了，是尽快解决矛盾，还是继续斗争到底呢？最好的办法是尽快消除矛盾达到和解，而不是将斗争扩大或者继续下去。

"将相和"这事发生的一年以后，廉颇带领赵国军队攻打齐国，大败齐军。从公元前275年～前267年的这段时间里，是廉颇在军旅生涯中真正辉煌的几年。他为赵国立下大功，攻打下了齐国的几个地方，又攻占了魏国的防陵与安阳两座城池。他的威望可算是如日中天！

以后的几年，廉颇渐渐淡出了官场。直到赵惠文王死后，赵孝成王即位，他才开始复出。

公元前262年（赵孝成王四年，秦昭王四十五年），秦国将领王龁进攻已经是赵地的上党。当时赵国的马服君赵奢已经去世，蔺相如也有病在身，自然而然能担任与秦军作战的大将就剩廉颇了，因为当时他已经任职上卿二十多年，与魏、齐的作战经验非常丰富。

为什么古代的战争如此惊心动魄？就在于战事中经常会出现戏剧性的一幕，一波三折跌宕起伏无穷变化的场面时有发生。当时，廉颇决定速战速决，一个决定性的转机出现了。

就在两军战得如火如荼的时候，赵惠文王死了，和赵惠文王相比更昏庸无能的赵孝成王继位。范雎说"这是一个机会。"秦王说"有机会就要把握"。范雎想利用反间计让廉颇退出战场，不再带兵打仗。秦王同意了这个计谋。

于是，历史上有名的长平之战，就在他俩的密谋中慢慢地拉开了序幕。这时，历史上年轻气盛的赵括出场了。赵括和赵孝成王都年轻气盛。赵孝成王刚一登基就对廉颇死守不战的策略很是不满，又是指责、发难，又是愤怒、叹息。探子来报连续丢失三座城池和损失了两名大将，廉颇对此没有感到惊讶，但却没有办法。

对峙僵局长达三年让人烦躁不堪，三年的窒息压抑让人身心俱疲。战争的每一分每一秒都考验着决策者的耐心、恒心、沉稳与沉着。在两军对峙期间，范雎花费昂贵价钱收买的间谍悄悄地进潜入赵王的宫内，让赵王派善只会动嘴而没有实战经验的赵括代替了廉颇，说秦国最担心、最害怕的是用赵括。赵王因为求胜心切，所以中了对方的反间计。他认为廉颇怯战，强行罢免了廉颇职位，委任赵括担当将领

赵括替换廉颇之后，完全改变了廉颇的规章制度，不仅调换了下层的军官，连军事防务也全部更改了。

秦国将领白起听说赵括代替之后，即刻率领一支军队假装胆怯的样子败走了，赵括不知道是计谋，随即便下令乘胜追击，结果被秦军断了粮道，军队被分成了两个部分，这两个部分谁也不能相救。

赵军被困了四十多天，士兵们没有粮草充饥已经是疲惫不堪。赵括又不顾士兵们的死活带兵与秦军交战，结果，全军覆没，赵括也被秦军乱箭射死。赵军大败之后，几十万人的军队全部向秦军缴械投降，万万没有想到的是全部被活埋。赵军前前后后共损失四十五万人，第二年，赵国的首都被秦军包围了一年多不能解脱。赵国之所以免除了亡国之祸，是因为楚国、魏国等诸侯发兵来救。

中国古代历史上最大规模、最为惨烈的战役就是长平之战。战争历经长达三年之久，赵国四十五万大军除了被白起有意释放年纪尚小的二百四十人回国外，其余的不是战死，就是饿死，或者被秦国将领白起活埋。如果赵孝文王不中范雎的离间计，依然用廉颇为将领，长平之战的结局就会被改变，历史也将改写。

长平之战之后，我们最关注的一个人，那就是廉颇及其最后的命运和人生结局。

赵国在经过长平之战后，国力已经大不如从前。燕国看到赵国的壮丁都在长平战争中死去，剩下的都是老弱病残的情况下。在公元前251年，委任丞相栗腹为将领，举兵讨伐赵国。

这时，赵国让廉颇担当将领，他将全军队伍分为两路，一路由乐乘率领军队直抵代地，用来抗击西部燕军，另外一路他亲自率领，在鄗城（今河北柏乡县北）迎战燕军主力部队。廉颇的指挥目的是为了保卫乡土，采取集中兵力打击敌人正面的战法，首战告捷，挫掉了燕国的士兵的锋芒，打掉了燕军的嚣张气焰。紧接着，他率领赵军打败燕军主力，果断地杀了栗腹。燕军主帅被斩之后，燕军惊慌之余溃不成军的败退了。廉颇抓住燕军败退的时机，立刻命令赵军乘胜追击，追逐了五百里。在公元前250年，直抵燕国都城蓟（今北京市）。燕王眼看国家危在旦夕，只好勉强答应赵国提出的割让五座城池等全部要求，并向赵国求和。廉颇以为战功显著被封为信平君。

不要说廉颇用兵狠，长平战争之后，赵国已经没有办法与任何一个国家抗衡。他之所以不惜一切代价全力以赴地迎战燕军，直逼燕国都城，就是为了给对赵国怀有企图的国家一个提醒：赵国不会灭亡，因为廉颇还活着！

廉颇担任相国六七年，多次击退入侵的敌军，并寻找合适的时机给予反击。公元前245年，廉颇带兵攻打魏国笼阳（今河南内黄县西北）时，就说明赵国国力有所恢复。

长平之战被免职回家的廉颇，不但失去了权势，而且连原来的门客都离开了。等到他再被重用当将军时，门客们又都回到他的身边了。廉颇对感慨颇深，而门客却告诉他：这不足为奇，现在就是这样的社会您有权势我们就追随您，您没权势我们就离开，这就是买卖常理，您又有什么好埋怨的呢？

公元前245年，赵孝成王去世，他的儿子悼襄王继位。赵国再一次重复之前的那个怪圈。又是因为奸臣郭开的一句谗言，廉颇又被罢了官职，取而代之的是乐乘。廉颇本来脾气就不是很好，谁要是惹着他了，他就要把他杀了，乐乘没办法只好逃走。在这种情况下，廉颇决定离开赵国投奔魏国并且魏王收留了他，可是对他却不信任，更不会对他委以重任。廉颇感到了前所未有的失意、失落与失望。

廉颇离开赵国之后秦国又来攻打赵国，赵王又开始想廉颇了。廉颇听说之后内心非常激动，他想回去，因为他还是放不下自己几乎一生都为之服务、为之奋斗、为之贡献、为之牺牲的赵国。

不久之后，赵王就派使者唐玖带着奇兽之皮缝制的盔甲一副和四匹良马，到魏都大梁去慰问看望廉颇。见了唐玖，并读完赵王热情洋溢的邀请函之后，廉颇难以按捺住内心的激动，和唐玖一吃饭的时候，他狼吞虎咽，一顿就吃了一斗米饭，十斤肉食！吃过饭之后又将赵王所赐的盔甲披挂在身，飞身一跃骑上赵王所赐的良马，抖了一下缰绳，立刻飞驰而去，一路舞动长戟，再次显示他当年的威风。

廉颇努力的表演，让唐玖看得眼花缭乱。他万万没有想到，唐玖在来之前，奸臣郭开就暗中花高价钱把唐玖贿赂收买了，唐玖回去肯定不会把廉颇给他展示的如实告诉给赵王。所以唐玖回去之后就告诉赵王。廉将军身体还行，饭量也还好，但的确是老了，我和廉将军聊天的时候，他一会儿就去了三次茅厕。因为奸臣从中作梗，廉颇没有得到再次为国效劳的机会。

楚国听说了廉颇在魏国，就暗中派人把廉颇接到楚国。廉颇担任楚国将领之后，没有建立什么功劳。他说："我思念赵国的人。"（《史记·廉颇蔺相如列传》）流露出廉颇对祖国乡亲的眷恋之情。到最后赵国终究还是没能重新起用他，导致这位为赵国做出重大贡献的一代名将廉颇，最终因为抑郁不乐老死在楚国的寿春（今安徽省寿县）。十几年之后，赵国被秦国给灭亡。

在今安徽省寿县城北七公里的八公山之放牛山西南坡上立着廉颇的陵墓，墓面背东向西，周长三百米，西面临近淮河，南面北面东面三面环山，一代风流领山川之胜，英风浩气激荡千秋。

廉颇是战国时期一位很有才华的杰出将领，他征战数十年，攻下城池无数座都没有过败绩。为人又很广阔的胸襟，和坦诚相待，勇于知错就改。正如司马光所言，他的一生是"一身用与不用，实为赵国存亡所系。此真可以为后代用人殷鉴矣。"这一句话既概括了他一生的荣辱，又揭示了人才与国家兴衰存亡的重要关系，值得后人深思。

白起——使秦业帝的"战神"

人物名片

白起（？~公元前257），出生在郿，芈姓，白氏，名起，楚白公胜之后。在春秋时期楚君僭称王，大夫、县令僭称公，白起为白公胜之后，所以又被叫做公孙起。白起有"人屠"的称号，是战国四将之一，战国时期秦国名将，自孙武和吴起之后的又一个著名的军事家和统帅。

人物风云

战国时期最为显赫的大将白起，他是中国古代历史上战功最辉煌的将军，他征战沙场三十多年，只要听说是他带兵来战六国军队就吓得溃不成军。史书上有准确的记载：所有的国家都不敢与秦国交战，后面多加了一个注释就是因为秦国有白起将军！一个将领到了这样让人听了都不敢交战的一种地步，这在历史的战争中是很少见的。他为秦国的统一大业立下了汗马功劳，他是中国兵法的最高实战典范，他就是战神——白起！

白起是古代中国历史上最伟大的统帅军事家，他位列战国时期秦朝时期四大名将之首，外号是人屠。白起的长相说起来有点与众不同，头部尖尖的像一根长矛，这种相貌在相书上被称作为兵神。可能就是冥冥之中天意的安排吧。

白起少年时期就参了军，凭借着对兵学布阵天赋奇才般地通晓和精湛的武功，白起很快就在数十万大军中脱颖而出。在面对种种赞誉，白起却是异常冷静异常清醒，他屡屡拒绝拒了军中主将对他的破格提拔，硬是要自己从伍长、什长、卒长、百夫长、千夫长一级一级地从基层做起。少年的他成熟稳健，真是罕见少有！

白起刚当上大将的时候，还不到三十岁。山东六国都开始放松了警惕，大家都认为秦国不行了。然而，摧毁了他们的幻想正是这残酷的事实。

公元前294年，白起出兵攻打韩国、魏国。白起率领秦军进攻韩国，一举成功攻占新城（今河南伊川西南），白起因此被封为左更。第二年，韩国、魏国任命公孙喜为主帅，率领联军二十四万人进军伊阙攻击秦军。伊阙为韩、魏门户，两座山对峙，水流在山间流过，地势险要。联军在此守卫，和秦军呈对峙状态。秦军在数量上只有韩、魏联军的一半。联军保存各自的实力，相互推脱，不肯先去作战。白起看到这种情况，运用集中兵力、逐个击破的战术，先设少量疑兵牵制联军主力韩军，然后在韩军集中兵力之时出其不意地猛烈攻打魏军，一举成功将其歼灭。随后立即再攻打韩军。韩军侧方军队暴露，遭到秦军的夹击，溃不成军惨败地逃跑了。白起乘胜追击，又把韩军全部歼灭，俘虏了韩国主将公孙喜，攻下五座城池。

这场战争，白起抓住联军互相推诿、自保实力、不肯先战得这一战机，歼灭韩、魏全部联军。此战是先秦战史中一次较大规模的，且是以少胜多的歼灭战。战后韩、魏两国精英将领丧失，迫于无奈献地求和。白起也因为战功显耀被提升为国尉，开始了他辉煌的军事历程，秦国也因为这场战争的实力在中原的扩展之势越来越猛烈。自从那次统兵出战开始，白起每次战争都是必胜的。他用兵不拘一格、刁钻猛狠，逢战必胜，攻击了就必须取得城池，以至于若干年后听说是白起统军出战，山东六国竟然没有人敢带兵与他交锋。战国时代名将辈出，恐怕也只有他才能做到这一点，逢战必胜，而且打得全都是彻彻底底的歼灭战，对秦国全国上下来说，白起是全国的英雄；而对于其他六国朝野来说，白起是永远挥之不去的梦魇。

六国现在开始不再小看这个其貌不扬的关中汉子了。就在此时，白起打出了让全天下都目瞪口呆的一仗。

秦昭王十五年，白起被提升为大良造，冬天出兵攻打魏国，攻陷了六十一座池，打破了"冬天不能用兵"的传统习俗，为秦国向东扩展实力打下了坚实的基础。冬天攻占了魏国的河内地区，这也是他军事生涯中一个永恒的亮点。

白起所做的远远不止是战场上的一员猛将。在狠狠地打击了韩国和魏国之后，白起又瞄准了腹大中空的楚国。公元前280年，秦昭王又开始从西南方向展开进攻，决定从西向东经过巴、蜀等地对楚国实行迂回作战方针，直抵楚国腹地黔中。秦昭王命令大将军司马错率领率大军从陇西进入今四川，增补巴、蜀军十万；然后乘坐万艘大船，装载了六百万斛米，从巴的涪水向南驶去，进攻楚国。

秦国军队战胜重重困难，翻越了岷山山脉、摩天岭山脉、云贵高原等地，终于到楚国后方给它一个出其不意地攻击。当时，楚军主力在西北部秦、楚边境前线集结，却遭到司马错突然进攻，楚军后方空虚，没有来得及防守，丢失了大片土地。秦国军队攻占楚国黔中郡。楚顷襄王被迫献上庸和汉水以北地区给秦国。但是，地大物博的楚国仍是秦国向东进攻的隐患。第二年，秦国首先通过外交途径孤立楚国，秦昭王与赵惠文王在渑池（今河南渑池西）结好赵国，用来解除攻打楚国时来自北侧的威胁。随后立即命令白起率领数万名士兵攻打楚国。

此时，虽说楚国地大物博，士兵众多，但楚顷襄王昏庸无能，奸臣当权，政治腐败，民心不能集中，守备松散。从怀王开始，楚、秦交战多以秦国胜楚国失败告终，楚国人害怕秦国的声威。白起决定直接捣毁腹心，给楚国来一个毁灭性的打击。经过了周密的策划，选择由蓝田（今陕西蓝田西），路过商地，经过丹水流域出武关，再顺着汉水向南下去。既方便在夺取汉水流域丰饶的粮草给军队补给需求，又可以出其不意突然进入楚境，攻打夺取主要分布在汉水流域的楚国重要城镇。白起命令秦军过河拆桥毁船，自断归路，表示此战必胜。

楚军害怕白起，又因为在本国发生战事并且有后顾之忧，无法抵挡秦国的精锐将士的猛烈攻击，节节败退。秦军长驱直入，迅速攻占汉水流域重要地方邓，直抵楚别都鄢（今宜城东南）。鄢地理位置十分重要。鄢地要是失守楚国就危险了。要知道，鄢地是保护郢都的军事重镇。楚国为保护都城，紧急调主力军队防守鄢地。秦军在此遇到了进攻楚国以来最顽强的抵抗，几次攻击都没有攻下来，然后就改为水路攻击。在距离鄢城四百里处筑堰拦水，蓄到了一定高度就放水淹城。滔滔洪水吞没了鄢城，军民死伤有十万，水面上漂浮了很多尸体，秦军随后占领了鄢城。

秦军歼灭了鄢城的楚军后，白起向西渡漳水和睢水，攻打西陵，扼住长江，截断了郢与西面巫郡的联系。然后又沿着长江向东攻打，烧了夷陵楚王的宗庙，直抵郢都。楚顷襄王匆匆向东逃离，把都城迁到陈。白起一直追到了竟陵才停止，竟陵的西面、北面是广阔的地区都为秦国所有。秦国在郢地设置的南郡，委任官员治理。

这场战阵是中国古代战争史上深入敌国作战的著名战例。这一战，秦国选择了最佳的出兵时机和进军路线，取得了攻打楚国的战略主动性。孤军奋战在楚国境内，等于置之死地而后生，集中使用兵力，速战速决，攻击楚国要害，终于把楚国首都给攻打下来了。攻打鄢郢之战，展现出了白起超人的胆略、精明勇敢的作战指挥能力。

在此战中，白起从一开始就改变以前各国对楚国用兵的做法，竟然在最短的时间里从无到有训练出了秦国的水师，从江州出发向东边进攻一举击溃了强大的楚国水军，攻下楚国的都城郢，烧毁了楚国的夷陵，带兵到了竟陵。楚王被逼得不得不逃离都城。攻打楚国的战争对白起来说意味着无比的光荣，他再一次让各国知道了他的厉害，但是对楚国来说，白起带来的则是永远的耻辱，从那以后，楚国就更加衰弱了。白起因战功卓著被秦昭王封为武安君。

白起单是凭着这些战绩，他已经足以在军事史上留名千年了，然而白起的战功远远不止于此。白起一生征战三十七年，经历了大大小小的战役百余起，攻下城池七十多座，有勇有谋，他为秦国的统一立下了汗马功劳。后来的人们称赞他用兵很巧妙，他的战绩至今被世人所传诵，而白起的最为巅峰之战就是长平战争。

公元前266年，范雎代替魏冉成了秦相之后，实施了"远交近攻"的战略方针，认为"秦国的后面是韩国，若木之有蠹，人之病心腹"，所以主要先攻打韩国。韩王听了之后非常恐慌，然后派使节到秦国表示非常愿意把党郡（今山西长治）献给秦国以求和平。但是韩国的上党太守冯亭却不愿意把上党献给秦国，为了让韩国和赵国两国联合起来抵抗秦国，韩国主动将上党郡给了赵国。赵王贪图眼前利益，目光短浅，也不管什么后果，就接受了上党，并且把上党划入了自己国土。赵国的这一举动，无异于是从秦国嘴里抢肉吃，秦王很不高兴，在公元前261年，命令左庶长王龁率领军队攻打上党。上党的赵国军队不敌秦军，退守到了长平。赵王听说了秦国派军向东进军，马上派廉颇大将军率领赵国的主力部队抵达长平，想要夺回上党。这时，战国时期最大规模的长平之战的就再次拉开了序幕。

廉颇率领赵国的主力军到了长平之后，立即向秦军发起猛烈进攻。但是由于秦军强赵军弱，赵军接二连三的败阵，损失很大。廉颇考虑到实际的情况，及时改变了战略方针，下决心把主动攻击改为防守，利用有利的地形环境，筑起坚固的堡垒，以逸待劳，让秦国的士兵攻打的身心疲惫。廉颇的这个战略方针起到了作用，秦军的猛烈地进攻势头被抑制了不少，两国军队在长平那里对峙。

为了打破这一僵局，秦国的丞相范雎派人带着重金到赵国行贿权臣，并用离间计的方法诋毁廉颇和派人散布谣言。赵孝成王本身就是一个没有主见的人，再加上埋怨廉颇接二连三打败仗，士兵伤亡惨重，还有就是嫌弃廉颇在堡垒中防守不肯出战，于是，就和平原君的赵胜商量，派赵括去代替廉颇当将军。只是此时此刻他还不知道，只要他的这一命令下来之后，不久的将来就会断送了赵国四十万士兵的性命。

赵括被封为将军之后，狂妄自大，以为自己是天下无敌，每天在邯郸街头出现，明目张胆的炫耀，目中无人，对满朝文武大臣随意斥骂，将士和赵括讨论军事的时候，赵括总是口若悬河。他到了长平之后，反对廉颇的所有方法，并且更换了方针，改变了军中所有的制度，弄得全军上下离心离德，斗争意志很消沉。他把廉颇的防御方针改变了，积极的策划进攻战略，想要一举获胜，夺回上党。

秦王看见他们的中了离间计之后，立刻让骁勇善战的武安君白起当上将军，替换了王龁，白起出任秦军统帅。为了避免让赵国军队发现白起当上了将军，秦王命令军中对此消息严格遵守保密。

白起来到军营之后，就开始为了早日结束这场持久的对峙战争做起了准备。面对骄傲自大、鲁莽轻敌的对手，又观察了上党山地的独特地形，针对赵国军队轻锐快捷的特点，白起为秦军精心制定了向后撤退的诱惑敌人和把部队分割围剿的战法，做出了以下部署：第一，把目前的前面的部队转变为诱惑敌人的部队，等赵军主动出击之后，在向主阵地长壁撤退，诱惑敌人深入到长壁。第二，利用长壁的有利地形构筑出口袋形状的阵地，用主力军进行防守，准备抵御赵军的进攻，并且组织一支精锐的突击部队，准备在赵军被围攻之后，用于不停地主动出击把赵军的力量消耗，锐气磨损。第三把两万五千人埋伏在两旁，等待赵军主动出击之后，迅速插到赵军的后方，果断地切断赵军的退路，完成了对赵军的合围。第四，用骑兵五千人渗透到赵国军营的防御阵地中，牵制并且监视留守的赵军。

训练有素的秦军精锐将士很快就按照白起所说的部署把赵军引诱到了早就准备好的包围圈里，并且快速地占领了赵军通往赵国的仅有的几个重要路口。此时此刻，白起仿佛已经看到了那支震慑天下的大军就要覆灭了，他甚至已经看见了赵国的灭亡。

八月，赵括在不知道对方军队的虚实的情况下，贸然采取进攻。秦军假装失败，实际上是暗中设置奇兵挟制赵军。赵军还乘胜追击到秦军的壁垒，白起就命令两侧的奇兵迅速出击，并且将赵军果断地截为三段。经过几次惨烈的战斗之后，秦军终于完成了断道分敌的战略部署，并开始了对赵军的长久围困。

秦昭王得知赵军被秦军包围的消息之后，亲自到河内，并把当地十五岁以上的年轻男子组编成了一支军队，增援长平战场。这支部队占据了长平背面的丹珠岭和该地方以东一带的高地，断绝了赵国派去的援军和后勤补给，从而保证了白起彻彻底底地歼灭了被围困的赵军。

九月，赵军被秦军断粮已经长达四十六天，军队内部为了食物互相残杀，军心彻底动摇了，局势非常的危急。看到这种情况，赵军也不能坐着等死，赵括就组织了四支突围部队，轮番冲击秦军的阵地，希望可以杀出一条血路，突围出去，但是效果不尽如人意。绝望之中，赵括孤注一掷，亲自带领赵军的精锐部队强行突围，但是结果仍然惨败，自己也被秦军乱箭射死。

赵军失去了主将，完全丧失了斗志，所以不再做无谓的抵抗，全部缴械投降。白起认为，"上党的老百姓不愿意为了秦国而归顺赵国；赵军反复无常，可能会发动判乱"所以才把他们全部活埋杀死，只放回了二百四十人。算上在战争中所杀的士兵，秦军一共歼灭了赵军四十五万人，秦军终于取得了胜利，这就是空前绝后激烈残酷的长平之战。

长平之战中秦国取得了胜利，从而秦国也取得了统一六国的制胜权，秦朝是中国历史上第一个大一统的王朝。此战，赵王在战争上，看不清秦强赵弱的基本形势就着急求胜，错误地坚持主动进攻战略，中了秦国使用的离间计，罢免了名将廉颇。赵括就只会纸上谈兵毫无作战经验。在作战指挥上，不观察战场的实际情况，就盲目地发动攻击，又没有采取及时的必要措施，确保和后方保持联络，是赵军被秦军全部歼灭的主要原因。白起看到了赵军的这一弱点，先把赵军引诱到早就预谋好的地点，然后再把赵军分割、包围，使其将士身心疲惫，一举全部歼灭，反映了当时战国时期野战指挥艺术发展到一个新的水平。

中国历史上最早、规模最大、最彻底的围歼战就是秦国和赵国之间的长平之战。它的规模很大，战果很辉煌，在世界战争史上也是罕见的。白起淋漓尽致地展现出了他卓越的军事才能，使自己成为继孙武之后，中国古代历史上又一个卓越不凡的军事将领。

司马迁评价白起"其之功高过西周开国元勋周公姬旦、召公姬奭和姜太公吕望"是对白起一生军事生涯的最高评价。但是，功不抵过，白起活埋赵军数十万士兵这是一种罪孽，使他到最后不能善终，也受到后人的批判。

其实，白起在临死时也认识到他活埋投降士兵罪不容赦。史料记载白起被秦王贬职之后回到家乡，刚刚走到咸阳，秦王就派使者送来宝剑，责令他自杀。后来白起把剑放在脖子上，感慨地说："我本应该死。长平之战，赵国的数十万人士兵已经投降，但还是被我给活埋了，我死不足惜。"之后就自杀了。

秦国历史上最伟大的统帅就属白起了，长达三十七年的征战生涯中，总共歼灭六国军队一百多万人，攻下六国的城池大小七十多座。奇迹的是在那个战火连天的年月，他一生从来都没有打过败仗，而且经常是以少胜多，既是高明的战略家又是高超的战术家。他指挥战争的规模很大、战斗的残酷性后人很少有能和他相比较的！

白起一生征战四方，创造了一次又一次的军事史上的奇迹，为秦国日后的统一大业奠定了坚实的基础。白起当将领，刚毅果断，有勇有谋，善于攻取，很会使用"谋攻"之的战略，不是速战速决，就是长久围困，或者是长途跋涉的偷袭，或是连续进攻，根据地势做出敌人不能预料的作战方针。难怪司马迁称赞白起"料敌合变，出奇无穷，声震天下"。

白起的作战指挥技术代表了战国时期战争发展的水平。白起用兵喜欢分析敌人和本军队的形势，经过分析之后，在做出冷静的判断，果断地采取正确的作战方针，对敌人发起雷鸣电闪般的猛烈进攻，直到把敌人全部消灭为止。战无不胜，攻无不克，来描述白起的军旅生涯正是恰如其分。但是，由于白起杀死无辜的敌人太多，被那些"仁义道德"的文人谴责。所以后人常常把他叫做人屠，甚至有的史学家认为，白起从根本上就不能算是一个名将。但是我们知道，实际上世界军事史上，白起都占有非常重要的地位，是真正为战争而生的"战神"！

王翦——下场最好的战国名将

人物名片

王翦（生卒年不详），出生在频阳东乡，也就是今天的陕西省富平县。王翦是秦朝一名非常杰出的军事家，为秦朝立下汗马功劳，和白起、廉颇、李牧合称为"战国四大名将"。王翦在辅佐秦始皇统一六国的过程中多次立下战功，威名远播。

人物风云

秦始皇嬴政十一年，王翦率领大军攻打赵国，一连攻克九座城池。秦王嬴政十九年，再一次派王翦率兵入侵赵国，大败赵国。秦王嬴政二十年，王翦又一次率领精兵攻打燕，第二年，攻占燕国的都城，燕王被迫逃往辽东郡暂避风头。秦王嬴政二十四年，再一次领兵出征，大破楚国，一举击败了楚国的大将项燕，攻占了楚国的都城寿春，将楚王负刍俘虏回国。翌年，率兵平定了楚国的江南地，楚国从此退出历史舞台。

在中国历史上，因为功高震主，招致杀身之祸的良将不计其数。但也不缺少真正勇猛、兼具聪明才干的武将，这些人不但可以帮辅助君主成就一番千古霸业，还可以保全自己，在中国历史的舞台上留下了千古美名，这着实让人钦佩。而秦国的大将王翦就做到了这一点，他确实是一个有勇有谋的将才，堪称"战国四大名将"里面下场最好的一位。

王翦出生在关中频阳县的一个寻常百姓家。那是一个群雄并起，诸侯争雄的乱世，各个诸侯国之间为争夺土地与人民，各国之间钩心斗角，战争频频发生，烧杀抢掠，战士的白骨堆积成山，百姓流离失所，一片狼藉。亲眼见到身边的亲人失去了家园，看着哀鸿遍野、满目疮痍的大地，和那些流离失所、惨遭荼毒的老百姓，年轻的王翦心里非常难过。在那时他就发誓要练就一身好武功，熟读兵法，报效国家。在十八岁那一年，王翦听闻有招兵的消息，就立刻报名应征，在疆场之上英勇杀敌。因为王翦英勇善战，文武双全，多次立下奇功。秦王嬴政非常欣慰，对王翦更是器重有加，而王翦的职位得到迅速的擢升，一度荣登大将宝座，与此同时，秦王嬴政还授予他统率大军的权力。

这样一连串的军事打击，已经把赵国逼得走投无路，而秦王嬴政并不会因此罢手，秦王嬴政认为既然在和赵国多次恶战中取得胜利，这样的辉煌的成就是前所未见的，就更不能在这个时候停下来。于是秦王嬴政接连出兵攻打赵国，以此来消耗赵国的兵力，对赵国的军事不断施压。

秦王嬴政十八年，秦王嬴政兵分两路，希望可以一举将赵国歼灭。王翦由上郡出发，出兵井陉，另外，杨端和率领精锐部队从黄河北岸开始一举攻占赵国的南部地区，最后两军会合，一举灭赵。计划赶不上变化，谁知碰上了赵国大将李牧，两军足足僵持了一年多，仍旧胜负难分，双方均有得失，但是秦军久久不能够得胜，可见情况并不乐观。为了尽快结束战争，秦军采用反间计，欺骗昏庸的赵王杀死了李牧。李牧死了，秦军便没什么好怕的了，在短短时间内，王翦就再一次做好了与赵军决战的工作，秦军士气大振。至于赵葱与颜聚二人，王翦根本就没有把他们放在眼里，王翦率领秦军很快就在东阳一战中击溃了士气低落、军心不稳的赵军，赵葱死在了战争中，赵王迁与颜聚成了俘虏，赵国灭亡。虽然赵公子嘉这只漏网之鱼逃往代郡，并自立为王，但赵国早已经不复存在了。赵国的大面积的国土均归秦国所有，成为秦郡。

秦王政十二年，这一年是惊心动魄的一年，荆轲刺秦王就发生在这一年，而这正为秦王嬴政讨伐燕国提供了借口。于是，秦王嬴政立即派王翦率领大军攻占燕国。燕王喜与代王嘉联手抵御秦国的百万大军，燕、代两国的联军由燕太子丹率领。最后，太子丹兵败于易水河边。王翦趁机攻克了燕国的都城蓟，而且取下了太子丹的首级。燕王喜逃亡辽东地区，燕国灭亡了。

在攻取了燕国的都城蓟之后，王翦便称病，希望秦王嬴政可以恩准其告老还乡，颐养天年。而这时的王翦正处在事业的巅峰期，怎么可能舍得放弃自己的事业归隐山林呢？王翦非常的聪明，他深知功高盖主必会遭到君主和他人的忌惮，到最后必然不得善终。俗话说"伴君如伴虎"，与其将自己置于水深火热之中，倒不如告老还乡享享清福，反正自己也已经功成名就了，也不会有所遗憾了，还是把建功立业的机会留给自己的下一代吧！

秦王政二十二年的时候，秦王嬴政让王翦的儿子王贲带兵攻打楚国。正所谓有其父，必有其子，王贲从小耳濡目染，深得王翦的真传，一举攻占十几座城，捷报连连，秦王嬴政龙颜大悦，说："真不愧是王翦的儿子"。

秦国接连获胜，势如破竹，横扫六国，继而歼灭三晋，多次打败楚军，在慌乱之中燕王逃走。秦王嬴政一心想要歼灭楚国，但苦于楚国地域宽广，人杰地灵，不仅物产丰美，而且人才辈出，其实力不容小觑，成为当时秦国争霸的最强劲的对手。

在灭楚之战到底需要多少兵马的事情上秦王嬴政久久拿不定主意，便开始征求众位将士的建议，但一直未有答案。秦王嬴政便问王翦如何看待此事，王翦道："若没有六十万大军，恐难攻克楚国。""六十万？"秦王嬴政被这样一个庞大的数字吓了一跳，这可是秦国到目前为止能够聚集的最大攻击力量。再加上秦王嬴政生性多疑，怎么可能将空国托付于他人呢？由于李信屡立战功，深得秦王嬴政的信任，于是秦王嬴政便决定将这个艰巨而重大的任务交到年轻将领李信的手里。于是，他便对王翦说："王将军年事已高，就连胆子也都变得小了，而且李信将军英勇善战、果敢威武，他所说的话也非常有道理。"于是，秦王嬴政任命李信和蒙恬为大将军，率领二十万大军南下讨伐楚国。因为秦王嬴政不信任自己，于是王翦便托病辞官，回老家养老去了。

秦军兵分两路，李信率领一路大军攻下平舆，而蒙恬率领另一路军队攻克寝丘，大败楚军。李信乘胜追击，继而攻占了鄢、郢等地，继而率领大军向西进军和蒙恬军在城父会师。这时，项燕所率领的楚军正尾随其后，已经连续三天三夜马不停蹄地追赶。李信年轻气盛，再加上英勇善战，接连胜利，免不了有一些心高气傲，得意忘形的他，竟丝毫没有察觉到楚军的一举一动。在接连几天的尾随之后，楚军终于寻到了一个大好机会，迅速向李信的部队发起猛烈的进攻，接连攻占了秦军的两座营垒，斩杀了秦军七名都尉，秦军大败，落荒而逃。

李信军惨遭楚军的偷袭，损失惨重。秦王嬴政在得知这个消息之后，龙颜大怒，此时的秦王嬴政十分想念王翦，他深知王翦是一个非常有远见的军事。于是，便亲自去请王翦，希望王翦可以重出江湖。在见到王翦之后，秦王嬴政首先向王翦诚心道歉，王翦在听完秦王嬴政的道歉后，虽然很想回到沙场，继续征战，再显雄威，但是他深知秦王嬴政疑心很重，尤其是自己。于是王翦选择以退为进，婉言拒绝了秦王嬴政。秦王嬴政心知肚明，若不拿出诚意，是很难再次恳求王翦出山的。王翦的要求是指派给他六十万大军，否则一切免谈。秦王嬴政一心想要灭楚，以消心头之恨，六十万就六十万吧，秦王嬴政非常爽快地就答应了。

所以，王翦率领六十万大军出兵伐楚，为此秦王嬴政还亲自送王翦到灞上。在王翦出征之前，曾多次请求良田、屋宅和园地，秦王嬴政都欣然答应了。在王翦伐楚的过程中，王翦一次又一次请求秦王可以多给他一些封赏。

王翦率领大军全力讨伐楚国，并不担心不能一举将楚军歼灭，却对于"美田宅园池"颇为上心，再三求得赏赐，目的就是为了让秦王嬴政安心。若是这一次王翦可以班师回朝，功高盖主，必定会遭到秦王嬴政的忌惮，王翦是一个何等聪明的人，他早想料到了这一点，但是他绝对没有谋反之心，所以不得不为自己找到一条退路，以便日后全身而退。

姜还是老的辣，王翦再一次请求赏赐，博得了秦王嬴政的信任，最后得以善终。

思想家——思想理念的主宰者

孔子——儒家学派的创始人

人物名片

孔子（公元前551年～前479年），字仲尼，是今山东曲阜人，他的祖先是宋国时期的贵族。他是我国在春秋时期的思想家、教育家，也是儒家学派的创始人。在孔子的身上，可谓是文化的集大成者，他还活着的时候就已经被称为"天纵之圣"、"天之木铎"等，是我国古文化史上最有学问的人之一，后人将他尊称为圣人、至圣先师等。孔子和他所创办的儒家思想对于我国有着深远的影响。目前，孔子学院也遍布于全世界。

人物风云

孔子很小的时候，他的父亲就去世了，家境比较困难。年少时，为了生计，他给别人看过仓库，也放过羊，即便是在这么困难的情况下，孔子都没有放弃学习。在孔子十五岁的时候志向在于做学问，在三十岁的时候开始收徒讲学。他的这一举动，打破了一直主张的"学在官府"的文化传统，使得进步的思想和学术也可以流传于民间。

孔子办学的学府并没有一个比较固定的地点，而是经常带着自己的徒弟去各国拜访学习，在孔子的眼中，学术并没有什么界线，不管你是一个什么样的人，只要是真心向学，他都会教你，这就是他一直主张的"有教无类"。也正是这个原因，使得很多的人都慕名而来，拜他为师，跟他学习一些知识。而孔子带领着自己的弟子周游四方，这样的教学方式，不仅让徒弟们开阔了眼界，增长了见识，而且孔子这么做也有着自己的目的，那就是走遍所有的国家，去游说每个国家的君王。

对于周礼之说，孔子非常的感兴趣，哪怕后来他已经满腹才华，但是仍然没有停止对此的研究和学习。

在他年轻的时候，有一次，孔子去了鲁国人用来祭祀周公的庙堂，每看到自己不理解的礼节或者是祭祀物品，孔子都会虚心地向有关的人员请教。而有的人看见孔子这样，就说道："这难道就是传说中对周礼之说非常熟知的那个人吗？你看他现在问东问西，根本就是什么也不懂，还一直缠着别人问个不停，真是一个可笑的人哪！"

孔子听到这句话之后，回答道："自己既然不懂得，那么就要学着去问啊，这正是体现了礼字啊！"听了这句话，刚才讽刺孔子的那个人也就不再说话了。有一句话相信我们都已经熟知了，那就是"知之为知之，不知为不知，是知也。"也就是说，知道的就是知道，不知道的就是不知道，这才是真正的智慧。孔子为了学到更多的知识，他曾经还向和他处在同一时期的人老子等虚心请教。孔子还说过一句话："三人行，必有我师"。在他的观念中，他可以为了乐理而"三月不知肉味"。可以说，他称为至圣先师和他的这种学习精神是分不开的。

在孔子的眼中，周礼中的思想便是最正统的，人们拥有了它的这种思想，那么天下就会太平，人们也会过上安居乐业的日子。当时，有卿大夫很是批判周礼的学说，孔子听说了之后，勃然大怒，说道："是可忍孰不可忍"，周礼学术就是孔子眼中最高的行为准则，如果连周礼学说都能够随意摒弃，那么这世上，还有什么事情是人们不可以做的呢？

实际上，孔子对周礼学说已经达到了痴迷的地步。在周王朝衰败的时候，四方诸侯崛起，那个时候的周礼学说早就已经是名存实亡了，就连当时的天子对自己的臣子都没有了震慑力，哪还谈得上什么礼法呢。在当时的那个时代，只有你的手中掌握了实权，你才有理；而倘若你的手中毫无权力，那么所有的一切也就变成空谈了。就算是那些四方起兵的霸主们，也是因为他们的手中有着实力强大的军队，这才能够号令诸侯。所以说，在当时，孔子所倡导的周礼学说并不受到人们的赞同，那么他的心中有气也是可想而知的。即便是在现代，实力永远是亘古不变的道理，没有人会因为你的手中毫无实权，而坐下来和你侃侃而谈，聊他个天昏地暗。

孔子和自己的弟子周游到了齐国，当时是齐景公在位，孔子就前去劝说他，希望能够尊崇周礼学说来制定一些相应的礼节，可以对人们起到很好的约束作用。刚开始的时候，齐景公心中倒是挺想重用孔子的，但是最终还是被当时的丞相晏子阻拦了下来。

在晏子的眼中，孔子几乎是完全沉迷于这种繁琐的礼仪当中了，但是在这个时期中，周礼学说早就已经成为过去，而现在是一个知人善用、求贤若渴的时代，当下国君需要做的就是不断壮大自己国家的实力，并不是听从孔子的周礼说法，来对人们进行约束，让人们产生厌恶，如果这样的话，结果可能就会适得其反。齐景公听了晏子的分析，打消了重用孔子的念头，但是对他却也是礼遇有加，视为上宾。

后来，齐国有一个大夫想要害死孔子，孔子了解后，赶忙找到齐景公，将这件事情告诉了他，而景公却只是很平淡地说了句："我现在已经老了，没有办法再护着你，重用你了"，孔子听了这番话，心中也是明白了几分。如果自己一直待在这里，很可能就会死无葬身之地，于是，孔子打包了一下自己的行李，回到了自己的祖国。

在孔子的一生中，他的时间大部分都留在了鲁国，他在这里办学堂收弟子，最多的时候他的弟子有三千多人。只要你想学，他就会无条件地收下你，一时之间，孔子的名声大噪。当然，也并不能只出不进，他的学生们也会给他带点食物过来，否则，孔夫子他老人家可真的要饿死了。

在孔子的一生中，说的要比写的多得多，但是他的一些言行和观点还是被人给记录下来，编撰成了《孔子》一书。孔子主要提倡人们要遵守仁义礼节，虽然他所主张的这些思想在当时那个战火连天的时代并没有受到重视，但是对于后世却有着深远的影响，在以后的帝王将相中，不乏儒家学说的尊崇者，更是出现了"罢黜百家，独尊儒术"的昌盛局面。

不过，随着时间的流逝，儒家学派的思想在流传的过程中已经慢慢变质，有很多人只是打着孔子思想的名号，断章取义。在孔子的思想中，并非是让人们做一个冥顽不灵的人。举个例子说，有一次，孔子的弟子问他："以德报怨，可乎？"而孔子却是很简单地回了一句话："以德报怨，何以报德，以直报怨！"这句话是孔老夫子的原话，他认为一个人并不能拿着宽容或者是容忍来原谅别人的怨怼，如果每个人都这么做的话，那么，我们该拿什么来报答别人对你的恩德呢？但是，现在这句话却是着实被后人歪曲了，一直喊着"以德报怨"的口号，打着孔子的旗帜，很是滑稽。

孔子周游各国，收徒有三千余人，他有一个观点便是："学习没有厌烦的时候，教人也没有疲倦的时候。"虽然，在他的教育思想中，应该"有教无类"，但是，其中也有例外。就像是他的学生宰予，也就是孔子口中的"朽木"，宰予也是一个能言善辩的人，但他自己的个人品德实在是太差，也不喜欢学习，孔子一直不看好他。后来，宰予成了齐国的大夫，和田氏一起作乱犯上，惹来一身祸端。

此外，孔子在教育上还非常注重学与思的相互结合，在他看来"学而不思则罔，思而不学则殆"，只是一味地学习或者是思考，很容易会带着人走进误区，所以说，在学习上，一定要将这两者很好地结合在一起，才能让你得到更多有用的知识和人生的智慧。

孔子还有一句话便是"己所不欲勿施于人"，也就是说，自己不喜欢做的事情就不要强加给别人。但是，这句话看似很容易，其实做起来是非常难的，在我们现实的生活中，之所以有这么多的人在做某件事情的时候并不是心甘情愿，也正是因为人与人之间并没有做到这一点。如果人们都能按着孔子的话来做的话，那么世间也就不会有这么多的事端了。

儒家思想影响了几个朝代，影响了后世的子子孙孙们，就算是在经济发展如此之快的今天，孔子的这些思想也都有着极强的生命力，被人们所传诵，所尊崇。

在孔子晚年的时候,他还编著了《春秋》《易经》等书籍,在这些书籍当中,孔子的思想在里面也多有体现。后来孔子因病去世,终年七十三岁。

老子——道家学派的创始人

人物名片

老子(公元前571年~前471年),又被称为老聃、李耳,出生在春秋时期的楚国苦县厉乡,是中国古代有名的哲学家、思想家,也是我国道家学派的创始人。他曾被宋真宗封为太上老君,在世界上都享有盛名,是世界百位历史名人之一。现如今,关于他的著作有《道德经》(还被称为《老子》)。他的思想中所推崇的是一种朴素的辩证法,主张无为而治,他的学说对于我国哲学的发展有着很深远的影响。在道家学派中,还将老子尊为道祖。

人物风云

道家的创始人老子,在人们的心中,他是一个神秘莫测的智者,他所拥有的智慧,早就超越了时空的限制,跨出了地域的阻碍。他的思想对于后世有着深刻影响,就连一些国外著名的思想家都对他赞不绝口。

我们所看过的老子的画像中,都是毫无例外,画上所出现的就是一个白发飘飘,饱经沧桑的老人,眼中充满了智慧的光芒。但是因为历史与一些人为因素,有很多关于老子思想的书籍并没有保存下来,对于老子的生平也不能给出一个最正确的答案,就连我国著名的史学家司马迁在研究老子的时候,也并没有确切的找出来,只是说老子,其实姓李,叫李耳,字聃。

所以直到现在,老子的生平来历、时代名字一直是史学家们所争论不休的问题。不过可以确定的是老子生于春秋时期,要比孔子早上那么几十年,因为孔子当年还向老子请教过问题。

老子曾经在周王室管理书籍，而当时的书籍管理员和现在的书籍管理员完全是两个概念，在古代，这些书籍管理者们不仅要对所有的典籍和历史有所熟知，而且更是要博学多才才能够坐上这个位置。老子每天的工作就是整理一些档案和天文历法方面的书籍。这些藏书对于老子来说应该称得上是一笔巨大的财富，闲暇的时候，老子便会翻阅浏览一番，这也给他增长了不少的知识。

春秋时期是一个战乱频繁的时代，诸侯争霸，天下很难有太平的时候，而当时的周王朝，王室内部为了争夺王位，也是打得不可开交，其中王子朝和敬王之间的竞争尤为激烈，最后这场战争以王子朝的失败而告终，王子朝失败之后，他带走了所有的藏书，去投奔了楚国，也正是因为如此，才导致了很多典籍流失。这件事情给老子的打击很大，他每日与这些书籍相伴，这些书籍就是他的精神食粮，现在都被子王朝搬走，他也没有了继续留下来的理由，于是他辞官远去。

老子离开周王朝之后，他不喜欢现在动荡的局势，于是，他便前往还算安定的秦国，打算过一下隐居的生活，只见他骑着自己的小青牛，优哉游哉得向函谷关走去。而函谷关的守门将看到这个人气度不凡，便将他拦了下来，细问之下，才知道缘由，于是他便央求老子为他写一本书。老子很爽快的答应下来，被后世争相称颂的《道德经》也就这么问世了。

如果有人想了解一下老子的思想，那么就可以去翻阅一下《道德经》，他的思想在这本书中都有所体现。《道德经》全书总共有八十一章，分为上下两篇，上篇的名字是《道》，有三十七篇文章，而下篇的名字为《德》，由四十四篇文章组成。再来看《道德经》的内容，简短精炼，读起来朗朗上口，易于诵读和记忆。其中所涵盖的哲理更是足以让人揣摩深思。

书中还提到了治国的理念，在老子看来，治理一个国家就像是炒一碟小菜那么简单，但是，真的是如他所说的那样吗？而老子早就已经给出了自己的答案便是，只要人们不崇尚那些贤才异能之士，就不会为了追逐名利而争得你死我活；只要人们不看重名贵罕见的物品，那么人们也就不会为了它而去盗窃；不让那些能够引起贪念的食物暴露出来，那么人们也就不会为了得到他而变得人心大乱。这短话说的也就是老子所提倡的无为而治，根据他的话来说就是；

"不以智治国，国之福"，在《道德经》一书中，类似的观点还有很多。在老子的观念中，只要是统治者不勉强人们去做一些事情，那么这个国家自然也就会天下太平。但是他似乎已经忘了人的欲望却也是无止境的，如果没有律法来约束，真的很难想象得出这个世界将会变成什么样子。

在当时，那个属于礼乐崩坏的年代，每一个人都打着改革的旗号，可是偏偏老子主张"小国寡民"。在这个里面，有一副非常完美的画面，让人很是向往：一个国家不需要太多的人口，这个国家有着兵器却因没有战乱而用不上；人们在此中安居乐业、生活美满，以至于人们害怕外面的世界而不愿意离开；虽然这里有舟可以乘，但也毫无用武之地；虽然有盔甲可以披，但也是因为没有使用的机会都不知道应该放在哪里；这里就像是一个世外桃源一样，人们用最简单的方法记下来曾经所发生的事情；在这里人们没有贪欲，只要有足够的食物，能够保证温暖的衣物，人们也就会很满足了。这是一个很理想化的社会，这样的生活对于一直生活在战火中的百姓来说，是一种奢望。

当然，老子所主张的这种思想并没有得到当时诸侯们的认同，在这些诸侯看来，如果不想被别人吞并，就只有先使自己的力量强大，在别人出手之前先攻打别人，给别人一个措手不及，才能够向外扩张更多的领土。而就是在这样的背景下，老子却在提"小国寡民"的思想，这也就让他头上多了一顶"守旧"的帽子。因为老子所设计的生活其实只是一种理想，远离于当时的社会，并且他想用文明来唤醒这个嘈杂的社会，无疑使天方夜谭，而他的这些思想很显然不会被人们所接受、认同。

通过对老子哲学的研究，不难看出他对于"道"的阐述是非常多的，"道可道，非常道"，他认为"道"是一种比较高深奥妙的境界，是用语言表达不出来的，也是对世间万物最精妙的概括了。在老子的思想观念中，"道"就是万物的根本，"道生一，一生二，二生三，三生万物。"也有"天下万物生于有，有生于无"的说法，从这里也可以看出"道"和"无"之间是有着比较密切的联系的，我们这里所说的"道"指的并不是事物的实质，而是第一性的。而老子口中所描述的"道"就是一种客观唯心主义思想。

我们可以这么理解，在老子的思想认识论，尽管他的主题是唯心思想，但是其中还穿插着一些唯物主义的火花，他所主张的这些丰富而又朴素的思想哪怕是在高度发达的今天仍然是熠熠生辉。

老子的思想学说，被他的学生和后世的人继承了下来，并且自立一派为道家学派，而老子则是道家学派的创始人，但是，后来为什么他会成为道教的鼻祖，和所谓的太上老君，这些问题恐怕是谁也没有料到的。

在这个历史的长河中，老子的思想在不断发展的过程中，流传到了欧洲，在世界著名的哲学家黑格尔心中，对于老子有着很高的评价，他认为古时候的东方世界中的精神代表人物非老子莫属。

在《庄子》一书中，也收录了一些孔子对老子的评价，孔子曾经对他的弟子说过，他在拜访老子的时候，才真正的见到了一条龙，龙在合起来的时候就是一个整体，而在分开的时候皆会各自成篇，调理阴阳之间的气息，驾驭云雾之上。看到这样的情形，真的是惊讶的连嘴巴都忘记合上了，又怎么还能说出劝诫的话呢？

从这里也可以知道，孔子对于老子也是极其崇拜的，只可惜，这么一个智者连生卒年月都不清楚，未免让人有点可惜。

墨子——墨家学派的创始人

人物名片

墨子（公元前 468～前 376 年），春秋末期战国初期时的宋国人，也就是现在的山东滕州人。墨子是我国战国时期著名的教育家、科学家、军事家、思想家、社会活动家，也是墨家学派的创始人，有《墨子》一书流传于后世。

人物风云

墨子也是生活在战乱不断的春秋战国时期，看着眼前的纷争杂乱的社会，墨子的心中很是抑郁，他为了自己心中的和平理想而到处奔波，虽然是处处碰壁，但是他还是坚守着自己这个遥远的梦想，从未想过要放弃。墨子的精神是值得我们尊敬的，为了自己心中那个和平的理想而坚持不懈，就算是到了今天，恐怕也很少有人能够做到这一点吧？而且，墨子的可敬之处便是他的理想并不是为了自己，而是为了这个已经乱套了的社会，对于他自己而言，在追求和平的过程中，面临最多的可能就是丧命的危险了吧！

当时，楚王找到了公输班，想让他为楚国打造攻城的器械，为攻打宋国做的准备。墨子知道这个消息之后，立即鲁国出发，赶到了楚国，想要阻止这场战争，于是，到楚国的第一件事情，便是要拜访一下制造机械的公输班。

公输班对待墨子是十分的客气，问道："先生您找我有什么重要的事情？竟然能够让你不远千里地跑到楚国。"墨子却说："在北方，有一个人经常的欺负我，我来找您是希望你可以帮助我除掉他。"公输班听了这句话之后，心中顿时有些不高兴，想着：别人和你结怨是你的事情，和我没有任何的关系。于是他也没有接口说话。墨子看见公输班这样的反应，接着又说道："只要你能帮助我，多少钱都可以，我可以先给你一些订金，事情办妥之后，我再给您送上一千两黄金，怎么样？"

公输班说："我是一个比较有原则的人，仁义在我的心中很重要，怎么能够毫无理由的随便杀人呢，我不会答应你的要求的，你还是不要白费口舌了！"墨子一听，心中对于公输班的为人也有一些了解，于是便站起来，对着公输班拜了两拜，说道："在北方的时候，我就听说您要造云梯来攻打宋国。应该是有这件事情吧，但是宋国到底有什么罪过呢？楚国是一个地大物博的国家，有着广阔无垠的领土，但是百姓却并不是很多，如今，楚国现在却要掠夺宋国的领土，杀害宋国的百姓。宋国并没有什么过错，但是楚国就是要攻打它，这怎么能够称得上是仁义呢。如果明明懂得这个道理，但是却不和自己的君主争论，这便是不忠；但是如果只是稍微地争辩一下，最后还是屈服，这就是软弱。你自身是一个崇尚仁义的人，也正是因为这样，你才不愿意帮我去杀死那个欺负我的人。但是现在，却心甘情愿的楚国而攻打宋国，会让更多的百姓流离失所，丧失生命，这里面的仁义又从何说起呢？"

公输班感觉墨子的话很有道理，可是他也没有表态，毕竟事情都到了这个地步，要想改变恐怕是不可能的了。墨子接着又说道："我知道你已经明白其中的道理了，只不过还是不愿意去改正，这到底是为什么呢？"公输班很是无奈地说："我毕竟已经答应楚王的要求，怎么能够反悔呢，难道你想陷我于不义吗？"墨子说道："那么希望您能够将我引荐给楚王，由我来说服他！"公输班这个时候心里也是很矛盾的，一方面很想用看看自己制造出来的机械的威力，另一方面还感觉墨子所说的话有到底，也有了阻止这场战役的念头，于是便答应了墨子的请求。

墨子拜见楚王，就说道："现在有这么一个人，不愿意乘坐自己华丽的车子，反而看上了邻人家里面的破车子，居然想去把它偷来；不愿意穿自己昂贵的衣服，反而看上了邻人家的粗布衣服，想将它偷来；不愿意吃自己的山珍海味，反而愿意去偷邻人家的糟糠食物。您说，像这样的人应该是什么样的人呢？"楚王听了之后，哈哈大笑道："依我看来，这个人肯定是得了偷窃病，不然怎么会做出这么多愚蠢的决定！"

墨子见时机已经到了，于是接着说道："楚国千里领土和宋国百里的土地相比，无疑就是华美的车子和破旧的车子一样；楚国是一个山清水秀，珍禽众多的国家，再看看宋国，甚至连一只野鸡、兔子都很难见到，这也就是山珍海味和粗茶淡饭的区别；楚国的树木俊秀高大，树的种类繁多，而在宋国几乎就没有什么大树，这应该就是昂贵的衣服和粗布衣服一样；在我看来，楚国攻打宋国，无疑就是和这个有着偷窃病的人是一样的。"

楚王仔细想了一下墨子说的话，道："先生您说得确实很对，但我已经命令公输班制造出来了云梯，所以，攻打宋国我是志在必得的。"墨子也非常的有自信，对于楚王的反应，墨子已经想到了，于是笑道："就算您利用公输班所建造的云梯攻打宋国，大王您也不可能将宋国拿下的。"

楚王对于墨子所说的话显然不信，于是连忙将公输班召进宫。墨子脱下自己的衣服作为是宋国的城池，只是选用了一些竹片作为防御的器械。公输班也在四周设下了很多攻城的方法，但是却被墨子一一阻挡在外。直到公输班的技法都用尽了，而墨子的守城策略还是绰绰有余的。

公输班这个时候没有办法了，但是输给墨子，他又甘心，于是说："我已经找到对付你守城的办法了，但是我不会说的。"而墨子知道他的意图，于是也跟着说道："你想要怎么对付我，我的心中有数，但是我也不会说的。"

他们双方这边在打哑谜，而在一旁的楚王却是糊涂了，于是便询问这到底是怎么回事。最后还是墨子说出了缘由："公输班所谓的破解城池的办法便是要将我杀了。只要是杀了我，那么宋国的城池就会保不住了。但是他却是想错了，在宋国，早就有我的学生禽滑厘等几百人带着我守城的兵器等着你们进攻，就算是将我杀掉，那么你们攻城的希望还是非常渺小的。"

楚王听完之后，知道自己这次攻打宋国的计划肯定是实施不了了，于是说道："就听你的话，宋国我不会去攻打了。"这件事情中，墨子仅仅利用自己的口舌保住了宋国的百姓，从这里也可以看出，墨子是很能言善辩的。

墨子成功说服楚王之后，便开始返回鲁国，途径过宋国，正好赶上了下大雨，于是他便想到宋国的闾门去躲避一会，但是闾门的人却不让他进。对于宋国来说，墨子就是它的救命恩人，但是宋国人却并不知道这件事情。

墨子给后世只留下了《墨子》一书，但是有很多的专家学者一致认为，《墨子》一书其实成书于战国时期，主要记载了墨子以及他弟子的言行和思想。

墨子主张"兼爱非攻"，他以为"天下间所有的人都不相爱，强者必定欺凌弱者，富者必定侮辱贫者，贵者必定瞧不起贱者，天下间之所以有祸乱、怨恨，都是因为人与人不相爱的原因。"在墨子看来，人世间的一切纷争祸乱其实都是从人与人之间互相不关心所引发的，所以他的思想是"兼相爱，交相利"。但是这种思想毕竟只是一种理想，天下人之间的熙熙攘攘，无不是为名利而来，为了名利而去。可以这么说，追名逐利是永远不变的话题，每个国家之间的相互合作、战争等等，都是由利益而起的，墨子所提出的这种思想，就算是当时的普通百姓都不能理解这种思想，更何况是野心勃勃想要一统天下的国君呢。

墨子的"兼爱"思想主要是提倡天下人要互相关心爱护，而非攻则是说天下人不能随意地攻击伤害，墨家学派的人不赞成用战争来争夺利益，坚决反对进攻。在墨子看来，如果引起战火，那么就会使得农耕停滞，一年颗粒无收。但是对于防御战，墨子却并不反对，而在历史上，墨家的防御战是比较出名，被后人称之为"墨守"，墨子和他的弟子们都比较擅长制造一些守城的器械。

此外，在墨子的观念中，他还主张"尚贤"、"非礼"、"非乐"，提倡"节用"、"节葬"等等，虽然他所提出的这些观点都与儒家思想相对立，但是仔细一看，其实两大家的思想还是有着相似之处的，最起码两个人主张的目的就是为了维护和平，抵制战争，只不过是他们所提倡的方法有所不同，例如，在孔子看来，礼乐能够使人安分守己，而在墨子的思想中，孔子的这种思想无疑使一种浪费，所以他则是坚决抵制礼乐。

在当时，虽然墨子的思想不能够被人们所承认，但是他也没有放弃，穷其一生都在做着他坚持的事情，公元前376年，这位伟大的教育家、思想家、军事家离开了人世，终年九十二岁。

孟子——仅次于孔子的"亚圣"

人物名片

孟子（公元前372年~前289年），名轲，公元前372年出生在山东邹县。孟子是我国著名的思想家、教育家，也是战国时期著名的儒家代表人物之一。继孔子之后，又一位儒学大师，被后世人称为"亚圣"。

人物风云

孟子曾经拜子思为老师，等到他学成之后，他便以士的身份到各国去游说，希望他们能够采纳自己的思想主张，他曾经到过齐国、宋国、滕国、鲁国等去游说。在那个时候，这几个国家都主张只有富国强兵，利用一切可利用的手段实现自己的霸业，所以说，在这些人眼中，孟子所提倡的仁政学说无疑是毫无见识的，被看作是迂腐而又空泛的事情，并没有国君赞同他的主张。游说不成，无奈之下，孟子只好放弃，在一个偏僻宁静的地方授业，和自己的学生一起谈论史书，并且还作了《孟子》七篇。

一直以来，孟子被后人尊称为"亚圣"，把他当作是孔子思想的继承人和发扬者。可以这么说，在孔子之后，儒家学派另一个大师便非孟子莫属了，对我国的文化有着比较深远的影响。

孟子主张"性善论"，意思也就是说，人从一出生开始，就有着向善的意识，这是人最基本的存在。在孟子看来，人性的善良是可以通过一个人的心理活动看出来的。对于心理这一说，总共有两个层面之说，其中一个便是"四端"之心，而另一个则是"思"之心。孟子也正是从这两个层面，有了人性本善的思想。

在我国几千年的历史文化长河中，孟子的"性善论"始终贯彻其中，就连我们所熟悉的《三字经》都是以"人之初，性本善"开始的。孟子的性善论观点并不正确，但是却在人们的心中深深扎了根。春秋时期，关于人性的学说的讨论基本上分为三个观点：第一个就是以告子为首的，认为人性并没有什么善恶之分；第二则是认为人性中有善的一面亦有恶的一面；而第三则是以为有一些人的人性是善良的，而有一些则是邪恶的。

在孟子心中，告子的思想无疑是对自己的理论造成了威胁，孟子则是从两个方面来推翻告子的人性无善恶的思想观念：

首先，在告子的学说中，认为人性的善与恶并非一生下来就有的，而是在后天的成长过程中，不断地培养起来的；而孟子则是认为，人刚出生的时候，善就是他天性的一部分，已经存在于人的潜意识中。

在告子的观念中，刚出生的婴孩就像新生的柳条一样，按照自然规律生长，而在生长的过程中，人性会变好也会变坏，就像柳条有弯有直一样，无论是柳条成荫也好，枯萎滞长也罢，都是后天形成的，和先天并没有什么关系，所以说，人刚出生的时候，并没有善恶之分；而在孟子看来，告子的思想无疑是扭曲了人性本善的潜质，而使得世间的人都会认为仁义之事不可为，告子的这种观点会磨灭人们心中的善，而引发人们心中的恶。

随后，孟子在这个观点的基础上，主张人性本善的学说：告子说："人性就像是湍水一样，方位在东便则是水往东流，而方位在西边则是水往西流。人性刚开始的时候并没有善恶之分，就像是水流没有东西之分是一样的。"而孟子则是说："水可以没有东西走向之分，难道还没有上下之别吗？人性最初都是善良的，就像是水流都是向下流淌是一样的。人没有不善，水流也没有不下的道理。"

为了进一步说明人性本善的道理，孟子进一步验证了自己的观点。在他看来："人的内心深处都有不忍存在"，"如果没有恻隐之心，没有羞恶之心，没有辞让之心，没有是非之心等等，这都不是人类应该做的事情。"这些观点都是人们立足于社会的最基本的道德基础，"一个人的恻隐之心，便是仁的开端；而一个人有了知羞辨恶之心，便是义的开端；一个人的辞让之心，也就是礼的开端；一个人有个明辨是非之心，这也就是智慧的开端"。无论是普通民众还是圣贤之士，在人的本性和人格上并没有丝毫的区别，都是平等的，孟子还说："麒麟在这些走兽之间，凤凰在这些飞禽之间，泰山在这些丘壑之间，河海在这些路上的小水洼之间，都是同一类的生物。而圣人在民众之间，也是同一类的人。"也正是因为人生来就有了善良的天性和良好的品德，如果在后天的生长过程中，人们不断地将其发展光大，那么每一个人就都可以成为像尧舜那样的人物了。

孟子主张人们要像圣人学习，这样的提倡对于社会风气的改良有着一定的作用，其中最为值得肯定的是人生而平等的思想。在孟子看来，每一个人只要通过自己的努力都能够成为圣人，而从本质意义上讲，便是通过这个观点来激励人们在后天的学习和成长中，要不断地努力和奋斗，同时还指出了上到一国之君，中有朝中大臣，下至黎民百姓，在人格上毫无高低之分。在当时那个封建社会，等级分明的时代中，孟子的这个想法就像是一个闷雷轰动了当时的人们，虽然有着很大的进步意义，但是在其他人看来真的是"胆大包天"。另外，孟子还希望人们，能够将自身所带有的善字不断地发扬光大，让它能够成为人们最完美的道德；而在后天之后，如果不注意善的培养，那么善就像是将要枯萎的山木，已经没有了立足之地，并且在这个过程中，还会滋生出恶来。

孟子所提出的性善论学说已经是一种道德的先验论，自宋朝之后，被理学家们所普遍接受，成为当时最正统的人性论思想，有着比较深刻的影响。

《孟子》一书也只不过有三万五千多字，但是他里面所代表的思想内容却是博大精深的，全书短小精湛，语言通俗易懂；在叙事方面也是言简意赅，用比较生动的手法将自己的主张描述出来。也正是因为这样，《孟子》一书成了儒家学派中的经典之作。

　　我们每一个人都知道，在说服别人去做某一件事情的时候，如果开篇直奔主题则是很难让人接受，但是如果采取循序渐进的方法，这样，就很容易让别人去听你的观点甚至是赞同你的观点，就像是等到塔顶是一样的，不能一步登天，要一步一步地慢慢来。

　　有一回，孟子去拜见了齐宣王，并且他问了齐宣王一个问题："如果您的朝中有这样一个臣子，在他有事外出的时候，将自己的妻子儿女托付给他的朋友帮忙照看。可是等他出游回来的时候，却发现他的朋友并没有按照他所吩咐的那样去做，反而让他的家人在挨饿受冻。如果换作是你，你将会怎么做呢？"

　　齐宣王答道："这样的朋友，不要也罢。"

　　孟子继续说道："如果一个官员并不能好好地管理他的属下，对于这种情况，您又要怎么处理呢？"

　　齐宣王说："那我就免去他的职务。"

　　孟子接着又问："那么，如果一国之君竟然治理不好自己的国家，这又该如何是好呢？"

　　齐宣王这个时候已经知道孟子要表达的意思了，顿时就面红耳赤，有些不敢直视孟子，于是便很快地转移了这个话题。

　　其实，孟子说这段话的主要意图就是劝谏齐宣王，但是他并没有一见到齐宣王便直接挑明话题，而是从小小的交友之道开始讲起，慢慢地获得齐宣王的认同，有了第一节台阶；第二便是又上升到了朝中官员的身上，引领着齐宣王踏入了第二级台阶；直到最后，孟子才将自己此次的目的表现出来，让齐宣王的心中无法否定他的观点。从这里我们也可以看出，孟子并没有很直白地表露出自己的观点，但是最后还是起到了规谏君主的目的。

　　孟子还说过，鱼，是我所想要的，熊掌也是我所想要的，这两个不能同时得到，那么我就会舍弃鱼而选择熊掌；生命是我所想要的，仁义也是我所想要的，如果两者并不能同时得到，那么我宁愿舍掉自己的生命也要选择仁义。

　　生命是每一个人都拥有的，也能够真真切切所能够感受到的，一个人的喜怒哀乐，一个人的唱歌跳舞，跑步走路，无不都彰显着生命的活力。但是，"仁义"

二字却是一种比较抽象的概念，它没有形象可以看到，没有声音可以听到，也没有味道可以闻到，很少有人能够将它把握的很好。正是因为这个原因，孟子为了更好地将"仁义"二字表现在人们面前，所以才采用了这种借彼喻此的方法。

我们所说的借彼喻此，就是用一些比较简单易懂的方法把那些难以理解的东西很清晰明了地呈现在人们眼前，利用这种方法不仅解除了人们心中的疑惑，而且可以让人们从不知到知，从对这件事物的表面认识到本质认识。我们都知道鱼是一种美味，几乎所有的人都能够吃到它；而熊掌则是佳肴，相比鱼来说，要贵重得多，并且很难得到。而孟子便是将鱼比喻是"生命"，而用熊掌比喻"仁义"，很是详细地将"生命"和"仁义"的价值分开，通过这样的比喻，人们对于"舍生取义"这个观点也就很容易接受了。

儒家学派主张的是"非礼勿视，非礼勿听，非礼勿言，非礼勿动"，它所要讲的意思就是在我们日常生活中，人们的一言一行、一举一动都要围绕着"礼"字进行，并不能偏离了这个轨道。但是其中有一点需要说明的是，这种观点，并不是让你将礼节看的超过一切，而是在关键的时候还是要学会灵活变通。比如，古时候，"男女授受不亲"是一项比较严明的礼节制度，但是如果当自己周围有女性落水的时候，当然不能够一味地遵守着这项训示，而眼睁睁地看着他溺水而亡，这个时候，要做的便是将这些繁文缛节抛在一边，毕竟生命才是最为重要的，如果是因为要遵守礼节而看着一个人在自己的眼前慢慢地死去，这也就违背了孟子所提出的本意。

有一次，有一个任国人问了孟子的学生屋庐子一个问题："如果是所有人都按照礼节去寻找食物，那么他们就会饿死；如果不依照礼节去进行的话，便能够很轻松地找到食物，那么，这样的话，礼节还有遵守的必要吗？如果依照规规矩矩的迎亲礼来迎娶新娘，那么则会娶不到妻子；如果不按照迎亲礼的话，就会得到妻子，那么在这里还有履行礼节的必要吗？"屋庐子听了他的话，非常的迷茫，不知道应该怎样回答，于是屋庐子又带着这个问题去请教自己的老师孟子。

孟子给他说了答复任国人的办法："如果说在争抢食物的时候，需要扭转自己兄长的胳膊，需要争抢他的食物，只有这样才能够得到吃的，如果不照做的话，就得不到吃的，那么你会怎样做出决定呢？如果说只有你去自己邻居家搂抱别人的妻子，才能够得到妻室，如果不去的话，便不能得到妻室，这样的话，你是搂抱还是不搂抱呢？"

在这个地方，孟子也是从侧面说出了自己的观点，也就是，无论人做什么事情，都不能违背了礼字的内容，要学会以礼待人处事。

孟子的很多言论，使得儒家的学说广泛的流传和传播，进而对后世有了很大的影响。孟子的一生可谓是将儒家的思想推向了一个巅峰，这位伟大的思想家在公元前289年去世，终年八十三岁。

庄子——道家学派的代表人物

人物名片

庄子是战国时期的哲学家，也是道家学派的创始人之一。与道家思想的集大成者老子并称为"老庄"，但是光从文采上讲，庄子要远胜于老子。庄子的代表作《庄子》为后世人所尊崇，他的主张是"天人合一"、"清静无为"。

人物风云

庄子，公元前369年出生在了安徽省的蒙城县。庄子名周，字子休。庄子是我国著名的思想家、文学家。在庄子的一生中，著书有十余万言，命名为名《庄子》。《庄子》一书有着极其深远的意义和影响，这便代表着我国的哲学和文学都已经发展到了一定高深的水平，是我国古代典籍中不可多得的瑰宝。

庄子从小家境就比较贫寒，生活的极其艰辛。有一次，庄子的家里连下锅的米都没有了，于是庄子便向监河侯去借米。监河侯却说："嗯，可以，不过这要等到我将那些租税收上来的时候再借给你，怎么样？"

庄子听了监河侯的话，知道他在找借口推辞，于是心中很是生气，说："昨天我回家的时候，在路边听到有人叫我。我转身一看，原来是在路边的小水洼中有一条小鱼，于是我便问它：'喂，小鱼！你怎么会躺在这里呢？'鲫鱼随即回答道：'我原本生活在东海中。您现在能够给我一点水救急一下吗？'我说：'可以，你等着，我先去南方说服吴越的国王，让他能够同意可以将西江的水引进来救你，你看这样可行吗？'鲫鱼听了，心里十分不高兴，顿时沉下脸说：'我现在只不过需要一点点的水就可以活命，而你却如此的大费周章，与其等着你来救，还不如我自觉地跑到鱼干市场上去呢！'"

庄子用了这种寓言的方式讽刺了监河侯，但是庄子的家庭境况确实是贫困，这里还有一段他的小故事：

有一回，庄子去拜见魏王，只见他穿着浑身打满补丁的粗布衣服，脚上还穿着一双漏了脚趾的破鞋，魏王见他这身打扮，说："你怎么会这么贫困潦倒呢？"庄子回答道："我这身打扮是穷没有错，但是并不潦倒。穷和潦倒两个词的意思是完全不相同的，只不过是生不逢时罢了。"庄子将自己看作是不幸落在荆棘丛里的猿猴，"因为自己所处的局势不利，才造成自己的才能并没有得到充分的发挥"，指自己所处的年代，君王昏庸无能，朝中大臣争相叛乱，而他自己却一点办法也没有，从这里也可以看出，庄子对于自己的生不逢时是十分的失望。

还有一回，当时宋国有一个名为曹商的人，是宋国前往秦国的使臣。在他出发的时候，宋国的君王还送了他几辆车让其代步。曹商到达秦国之后，对着秦王是百般献媚，想尽办法去讨好秦王，最终惹得秦王笑开了花，赏赐给曹商100辆车。

曹商在返回宋国的途中，遇到了庄子。看到庄子落魄的样子，他便想在庄子面前炫耀一番，于是便说道："像你这样，每天生活在一些狭小穷困的小巷子中，吃不饱穿不暖，面黄肌瘦，天天靠着编织草鞋来过活。这样穷困潦倒的生活，换作是我，一时也忍受不了啊！而我曹商的本事也不再编织草鞋上，你就看看我现在的这一身行头，我奉了宋王的命令出使秦国，只是凭着我的能言善辩，秦王便赏赐给了我100辆新车。这样才是符合我曹商的身份呀！"

对于曹商的自夸炫耀，庄子根本就没有看在眼里，他只盯着自己编织草鞋的蒲草，头都懒得抬一下，很不屑地说道："我曾经听说，当时秦王生痔疮的时候，曾经广招天下间医术高超的人士，如果能够将痔疮挑破排毒的人，秦王就赏赐他一辆车子；如果谁能够尽忠值守的为其舐痔，那么便会得到5辆车子。就这样，以此类推，越是困难赏赐的越多，看你得到这么多的赏赐，我想你应该是舔其痔疮的一位，而且是尽心尽力，得到了秦王的欢心，要不然的话，你不可能得到这么多的赏赐。你是一个肮脏的人，我不愿意与你说话，你还是赶快走吧！"

从这里可以看出，庄子是一个愤世嫉俗的人，蔑视权贵、不为名利所趋，只是一味地向往着自由。他也不惧怕权势，在他嘴里的王公大臣，都被他骂了个狗血淋头，痛快淋漓。

春秋战国时期，是一个战乱纷起的年代，也是一个文化鼎盛的时期，这个时候，可以称得上"百花齐放，百家争鸣"。道家创始人之一的庄子，以他那独特的作品风格，在这个繁花簇锦的文坛上一枝独秀，流传千年。在他的思想著作中，随处都能够看到他思想的光辉。庄子对于宇宙、人生和社会，都有着他独特的认知，这对世人也有着十分深刻的影响。

庄子哲学主要就是指的是生命的哲学，它主要是在呼吁人们能够有一个思想自由、人身自由、个性自由的学术时代。而庄子的人生观在当时也是比较前卫的，他不喜欢人世间的名利追逐，也不喜欢过声色犬马的生活，他所追逐的是人的精神世界，希望得到自由。在庄子这里，大自然的所有一切皆是美好的，而所有人为的事物则都是不美好的。就如同他说的那样："牛马长有四足，是上天所赐予的，是美好的；而马的头饰和牛的鼻环则都是人为的，是不美好的。"他所要表达的意思就是说，任何事情都应该按照它原本的样子继续生活下去，而不是将一些人为的因素强加给自然，更不能以自然的名义去追逐功名，而庄子就是从这种自然法则出发，他认为所谓的真正自由完全来自于自然，如果想要得到很高尚的理想人格，那么你所要做的就是和大自然融为一体。

庄子还认为，在时间生存的人们之所以不自由，则是完全被现实社会中的是是非非、高低贵贱、贫富变迁、生生死死等因素所束缚，正是因为这些外在事物的限制，才致使人们对任何事情都抱着依赖、期待、追求的心理，才致使人们的心中一直有一个枷锁，无法自由，在庄子学说中被称为"有待"。在时间的万物中，大至翱翔天空的苍鹰鲲鹏，能够活几千年的冥灵、木椿，小到飞不过数里的蜩与学鸠，寿命极其短暂的蟪蛄，而在社会中，所说的大道德无非就是那不喜欢名利的宋荣子、可以乘风而去的列子，小道德则是像"知效一官，行比一乡，德合一君，而征一国"的人等等，但是所有的人所存在的原因，就是他们都在依赖着外界的某种条件，只有这样才能使自己有所作为，所以说这些都不能称之为自由。而那些真正能够得到自由的人则是属于无所待的。只有那些看不起名利的圣人，瞧不上功业的神人，能够达到天人合一、物我两忘，只要这样的人才称得上是绝对的自由，他们的思想奔放，精神上绝对自由，所以说，一个人若想真正地得到自由，就必须学会从"有待"达到"无待"的境界。

庄子所处的时代，是我国古代历史中最不容忽视的时期，它既是一个社会大变革的开始，也是一个战火连连、百姓流离失所的动荡年代。对于庄子而言，他并没有能力去为这样的社会改变什么，他唯一能做的便是追求自己所要的自由，不与世人同流合污，做到"不以物喜、不以己悲"，不被名利所束缚，最终做到了天人合一的地步。

很多的人都以为，庄子的哲学属于美学的范畴，仔细阅读庄子的哲学思想可以从中发现中国的美学思想。但是，庄子思想中所讲述的美，并不是单纯的自然美或者是我们所说的艺术美，他追求的是人与自然合二为一的一种精神层面的享受，这也就是在很大程度上表现出了庄子自始至终所强调的人身自由的理论，也是展现人内心世界的精神状态。没有利益的追逐，没有荣华的影响，自身所有的一切在大自然面前完全敞开，纯净而又光明，这便是庄子所主张的最真实的内心世界。

道代表的就是生命之光，道所追崇的最高境界便是生命本身的纯粹自由。这和儒家学派所崇尚的仁义思想有着同源异趣的绝妙关系。在庄子的理论中我们可以知道，庄子和儒家学派孔子的思想从本质上讲，并不是完全对立的。儒家思想所提倡的就是人要有同情心、恻隐之心，而庄子则是主张人应该有待之心、无心之心，也就是说的心灵上的自由，但是这两家学派的观念都是出于"真情"一词。不过也有些人说，庄子所提倡的哲学思想并没有实际意义上的作用，但是，对于提高人们的心灵境界，培养与大自然的融洽关系上，庄子哲学还是有着重要意义和价值的。"人们应该怎样生活？""人们怎样生活才能更好？"所有的哲学都一直在讨论这个问题，而庄子哲学则是给人们了一个比较有价值的答案。

庄子哲学是一种生命的哲学，在当时的战乱社会，给人们恐惧与紧张的心灵带来一丝安宁；在当代社会中，让人们烦躁的心有一个栖息之地。这就是庄子哲学给后世人所留下的财富。庄子是我国道家的创始人之一，也是我国著名的思想家，死于公元前286年，终年八十三岁。

荀子——与孟子齐名的思想家

人物名片

荀子（公元前313～前238），儒家学派的代表人物之一，是我国春秋战国时期著名的思想家、文学家和教育家，被当时的人们尊称为"荀卿"。荀子对于儒家学说的发展也有着很重要的作用，但是与孟子不同，荀子所提倡的则是性恶论，两者经常被后世人放在一起进行比较。

人物风云

《史记》中对于荀子的生平事迹有一定的记载。在荀子五十岁的时候（也有一些专家人士认为五十岁是为传抄的错误，应该为十五岁）开始来到齐国游学，到了襄王在位时，"最为老师"，"三为祭酒"。

但是在当时，齐国有人诬陷荀子，所以迫不得已，荀子离开了齐国，来到了楚国。公元前255年被楚王任命为兰陵县令。但是有一些人认为将荀子留在楚国，对于楚国而言是一个很大的危险。所以荀子又辞去了现在的官职，只身来到了赵国，赵国将其封为上卿。到了后来，楚国又有人要求应该将荀子召回楚国，于是荀子又重新回到了楚国，再任兰陵县令一职。公元前238年，荀子罢官告别了朝政。没有几年，便离开了人世。

荀子也是我国历史上第一个使用赋名和用问答的形式来赋的人,和我国的爱国诗人屈原同被尊称为"辞赋之祖"。

在这个时期,他还曾经去了秦国,说秦国是在生前树立起名望,后世人则会称赞他的恩德。随后还去了赵国和临武君讨论用兵之计。最后在楚国辞世。荀子曾经也收过弟子,讲述自身所学,战国时期著名的思想家、政治家韩非和李斯便是他的门生之一。但是很可惜的是,因为荀子本身受到了很多文人学者的批判,所以在后世中关于他的著作留下的并不多,只有唐代的杨倞为他编著了《荀子》一书。一直到了清朝时期,为庄子写注的人才慢慢增加。

《史记》记载,李斯从荀子那里学习了辅佐帝王的权术,所以说,从李斯的做法中我们也可以看出荀子对于"帝王之术"颇有精通。北宋的苏轼在《荀卿论》中曾经说道:"荀卿一生对于王道颇有体会,他主张礼乐,但是他的学生李斯却运用从他那里所学到的知识来祸乱天下。"

其实,荀子所主张的思想,在某种程度上,从他理论的深度和特有的逻辑力量,依然把我国的古代朴素唯物主义推到了另一个发展高度。从殷周以来,几乎所有的哲学都在传输着一个观念,就是在他们心中认为,自然和社会是紧紧联系在一起的,无论什么事物,包括一个人的思想方式,都是被掌控在大自然的手中,甚至还将一些不公平的规章制度看作是上帝所创造的,所以要顺从,容不得人们反抗。所有的一切无法追求其源泉的事物都被归结在了这种神秘的力量里面,而荀子则是打破了这种常规的观念,集合了百家所长,提出了历史性跨越的思想。

荀子则不认同自然和社会之间有什么神秘的纽带联系着,他提倡要用理性的眼光去重新看待这二者的关系,并且还提出了"天人之分"的理论。在荀子看来,现如今社会上的动荡不安和大自然真的是一点关系也没有。

其实,荀子的思想可谓是提高了很大的一个层次,他认为,人类是所有自然动物中最高等的一类,必须遵循大自然发展的规律来生活和发展,比如说,他提倡要重视农业的生产,以农为本,抵制浪费奢侈,人们的衣食住行要顺应自然的时令等等,这些都充分体现了庄子的主张。假如人们背弃了这样的自然法则,那么势必就会发生饥饿、疾病和灾难。另外,对于一些鬼神迷信等说法,更是强烈的批判和攻击；为了推翻孟子的"性善论"，荀子还自创了"性恶论"一说。

荀子一生中最重要的成就就是，提出了人才是整个社会道德和国家的主体。而在这道德之前的依据，便是荀子提出的性恶论了。在荀子的眼中，人性就只是代表人的自然本性，也就是我们所说的"生之所以然者"。它的主要体现就是，人饿了的时候才想要吃饱，冷的时候才想要穿暖，而累的时候则是想要休息。其中，它所宣扬的实质便是人性，其实指的就是这种自然的心理本能而已。

孟子认为人刚出生的时候，潜意识里面是带有善字的，但是荀子却是认为，人刚出生便是"恶"字当头，生下来就有利欲之心，生下来就有疾病缠身，生下来就有好色之欲等等，无论做什么事情都是出于利益二字开始，所以说，人的本性并非是善的，而是恶的。

在荀子哲学中，他认为上天赐予人的性格就是恶的，所以说在他的成长发展的过程中，会因为自己的需要，而与他人发生争吵、杀戮等，小则使自己和他人受伤害，大则会使整个社会都动荡不安，这便是性恶论。荀子认为，只要是没有经过人为教育的事物是不会有善的一面的。而对于孟子所说的人性本善的言论，荀子提出了相悖的一面"人之性恶，其善者伪也"。

荀子与其他两位儒学大师所不同的就是，他的思想比较侧重于经验和人事方面的事情，他主要是从社会脉络中出发，对于社会秩序十分重视，对于神秘主义的理论比较的厌恶和抵制，他所重视的是后天人们自身的努力。儒家的创始人孔子所尊崇的则是"仁"的思想，而孟子所提倡的思想则是以"义"为核心，而荀子则是在二人之后又提出了"礼"、"法"的思想，他重视日常生活中人们自身的行为规范。尊孔子是圣人，但是对于以孟子和子思为首的"思孟学派"所提出的观点则是有着抵触的情绪，在荀子的心里，只有子贡和自己才有资格做孔子思想的继承人。一个人从出生就是带着欲望的，成长的过程中就是一步步完成欲望的过程，如果一个人的欲望没有满足或者是实现，那么这样势必会引发争端，这也是战争的主要原因，所以世间根本就不存在所谓的性善论。

儒家思想的三位主要人物：孔子、孟子、荀子。虽然的都是儒家学派的创始人和追随者，但是他们对待事物的看法却都有着自己独到的见解，各自有各自的看法。孔子和孟子所提出的思想和原则都是比较具体的，但同时也带有很浓重的理想主义色彩。孔子一生则是主张"克己"、"修身"、"为仁由己"等。而孟子则主要是以"性善"核心前提，在此基础上不断地进行扩充，他认为只有"恻隐之心"、"羞恶之心"、"辞让之心"、"是非之心"、"求其放心"等，就能够将人们体内最大的善潜质激发出来，那么也就可以有效地实施自己的仁政思想了。

和孔子、孟子相比，荀子的思想中并没有太多的理想主义色彩，他主要是偏于现实主义。他不仅像孔孟一样注重对礼义道德的宣扬和建设，与此同时，他还比较重视奖罚分明的政法制度。

而荀子对于儒学体系中的成就，也有以下几个方面：

首先，在荀学哲学中有着很浓厚的学术批判意味，提倡兼容并包，这也就充分表露了战国时候诸子百家学说要走向一统的历史趋势。不管从哪方面讲，《荀子非十二子》的中所包含的思想和学术都对后世人产生很大的影响。

其次，荀子对于儒家学说的贡献不容忽视。在儒家学说中，荀子所提出的不仅仅有"礼学""法学"的思想，就连"诗经学"和"春秋学"等与荀学都有着密切的联系。

最后，荀子并不是理想主义的儒学大师，他很注重对现实社会的观察，充满事功的精神。荀子当年在齐国讲学、在楚国做官、在赵国议论兵力、在燕国论朝政、在秦国讲风俗，所以说在当时社会中的影响并不在于孔孟之下。孔子时期从来不进入秦国，但是荀子能够对秦朝的政治和风俗提出褒奖，与此同时也批判了他"无儒"。这一点充分说明了，他自己本身在贯彻儒学思想的前提下，还在尽自己最大努力地为儒家学说的发展争取更广阔的政治空间。

在荀子晚年的时候，大多就是以授业和研究自己的儒学理论为主，公元前238年，一代儒学宗师离开了人世，终年七十五岁。

纵横家——舌灿莲花皆成风流

管仲——春秋第一相

人物名片

管仲（公元前723或前716～前645），原名为夷吾，谥号为"敬仲"，是我国著名的政治家、军事家，也是周穆王的后代。管仲年少的时候就没有了父亲，自己的母亲带着她生活，日子过得十分的清苦，年少的管仲就必须得担起肩上的担子，不能让自己的母亲过度劳累。为了能够吃饱穿暖，他曾经还和鲍叔牙一起出资做生意；后来，管仲参了军，又经过鲍叔牙的极力推荐，做了齐国的丞相，被人们称为"春秋第一相"。管仲成就了齐桓公，让齐桓公成为了春秋时期的第一个霸主。

人物风云

说起春秋战国时期的管仲，想必每一个人都会竖起大拇指，他真的是一个治国奇才。公元前685年开始管仲就开始辅助齐桓公治理国家，从政四十年期间，齐国能够成为春秋时期称霸中原的大国，管仲的功劳可谓是功不可没。孔子曾经说过："齐桓公能够成为中原第一霸主，并不是在于他的兵力有多么的强大，而只是在于管仲一人身上罢了。"还说："管仲辅佐齐桓公，称霸诸侯，就算是到了今天，管仲的功绩也被人称赞有加。"管仲任相期间，所提出的对于经济、财税等方面的改革政策在我国的经济、财税历史上都有着十分重要的地位。

管仲的祖上还是周朝的王室，是姬姓的后人。他的父亲管庄曾担任齐国大夫。不过后来，管仲的家世中途衰落，到了管仲时已经很清贫了。为了维持生计，管仲曾经做过商人，去了很多的地方，见了不同的人，这种经商的经历给管仲也带来了不少的经验，让他对于世道的了解比较深刻。和管仲一起经商的还有他的好朋友鲍叔牙，他们两人有着很深的情谊。在经商的过程中，只要是赚了钱，管仲总会给自己多分一点，而给鲍叔牙则是要少一些，但是鲍叔牙却从来不计较这件事情。因为在鲍叔牙的眼中，管仲的家境贫寒，家中又有一个年迈的老母亲需要赡养，让他多分一点钱能够减轻他身上的负担。

管仲曾经也很想帮助鲍叔牙做点什么，他的出发点是好的，可是每一回实施之后，不仅没有帮得了忙，还给鲍叔牙带去了很多的麻烦，真是有心却是帮倒忙啊。所以说，从这些事情中，人们都将管仲看作是一个无用之人，毫无一技之长。但是鲍叔牙却并不同意，因为他知道，他的朋友绝非无用之人，反而他是一个很有本事的人，如果给了他机会，那么他的成就很难想象。在这么长时间的交往中，管仲和鲍叔牙之间的情谊已非常人能够理解，管仲时常对身边的人说：给我生命的是我的父母，但是深知我心的却是鲍叔牙。

公元前674年，齐国齐僖公驾崩，太子诸儿继位，史称为齐襄公。太子诸儿的品质比较恶劣，昏庸无能，齐国的前途在他的手中堪忧啊！在那个时候，齐僖公还有两个逃亡在外的公子，管仲帮助的是齐僖公的另一个儿子公子纠，而鲍叔牙则是辅佐公子小白。一对知音分别给两个公子做了师傅，在当时一度被天下人所传诵。但是鲍叔牙却心中有不满，所以他经常会称病不能传授公子小白功课，因为在他心中知道，对儿子能够深知的莫过于他的父亲，而对臣子十分了解的莫过于他的君王。就是因为齐僖公心里明白公子小白并不是储君的材料，而他鲍叔牙在齐僖公心里又是最没有才华的，所以才让他做了公子小白的老师。而管仲听说之后，心里却并不这么想，他找到鲍叔牙，开解道："齐国上下所有的人因为厌恶公子纠的母亲而连累到了公子纠本人，而他们却对没有母亲的公子小白充满了同情心。将来齐国的国君不是公子纠便是公子小白。虽然公子小白并没有公子纠那么聪明，而且性子还很性急，但是他却能够有着远虑。管仲知道公子小白是一个什么样的人。日后，就算是公子纠登上了君位，最终他也会一事无成。那个时候，鲍叔牙你不来安定国家，还能有谁来安定呢？"鲍叔牙也觉得管仲的话十分有理，于是便接受了这个任务，尽心尽力的教育辅佐公子小白。

公元前686年，齐国爆发了内乱。起因就是因为公族另一个同宗兄弟公孙无知在齐襄公登基之后，将他身上所有的特权全部废除，致使公孙无知勾结大夫偷偷潜入宫中，将齐襄公杀死，并且还自称为下一任国君。公孙无知仅仅是做了一年的国君之后，齐国内部再一次发动叛乱，将公孙无知杀死，一时之间齐国上下动荡不安，秩序混乱。而这两个在外逃亡的公子，深知时机已然成熟，都在寻找机会，尽快地赶回齐国，期望能够坐上那君主之位。

这场小战争并不只是两个公子之间的战争，也是管仲和鲍叔牙这对好兄弟之间的战争，管仲为了能够让公子纠继承君位，他派人去拦截公子小白，希望能够为公子纠争取时间，可是谁知道，这个时候，鲍叔牙早就带着公子小白从小道先行回到了齐国的国都临淄，而公子小白也很顺利地登上了君位，史称齐桓公。

齐桓公继位之后，要任命鲍叔牙为齐国的上卿（即丞相），但是却被鲍叔牙拒绝了，并且他还举荐了自己的好友管仲，由他来担此重任，但是因为管仲曾经袭击过公子小白，于是在齐桓公继位之后，便和公子纠一起逃到了鲁国。鲍叔牙便建议齐桓公可以给鲁国写一封书信，希望他们能够杀了公子纠，然后再协同将管仲送到齐国治罪。于是，依照着鲍叔牙的建议，齐桓公让使臣将这封信送去了鲁国。不得不说，管仲能有鲍叔牙这样的朋友，可以说是死而无憾了！当初如果鲍叔牙不给他求情的话，那么管仲一定不会有当上卿的那一天了，而历史中的齐国称霸局面也会因此而改写，齐桓公的命运如何也不能得知了。

而鲁庄公手下有一个谋臣名叫施伯，他也是一个绝顶聪明的人，在他看来，齐桓公索要管仲，意并不在杀他，而是要重用管仲，辅佐他为政，管仲的才能有目共睹，一旦让管仲成为齐国的上卿，那么齐国的前途将是不可限量啊，于是最好的办法就是让管仲站着出来，横着出去。

可是鲁庄公还没有来得及实施计划，就听说齐国大军已经驻扎在了鲁国的边境，军事情况紧急，鲁国刚刚吃了败仗，齐国如果真的攻打进来，鲁国是毫无招架的能力。于是，他赶快命人将公子纠杀死，并且派人将管仲拿下，希望能够使得齐国退兵。而公子纠生前的侍卫召忽则是跟着公子纠而去了。在他死之前，还对管仲说道："我现在死了，那么公子纠也可以说有一个死后祀奉的忠臣了；而你还活着，你应该建功立业，能够让齐国称霸中原，公子纠也就可以称得上功臣了。死的人是为了忠诚，而活着的人要替他完成功名。生和死就是我二人的命运，现在我死了，我们二人也该完成各自的使命了，你还是好自为之吧。"

管仲刚被押到齐国边境之后，就看到了鲍叔牙。两个老朋友相逢，顿时格外的亲切。鲍叔牙让押送的士兵将囚车打开，并且除掉管仲身上的刑具，而且又让管仲沐浴更衣，更是希望他日后能够尽心尽力地辅助齐桓公来治理国家。管仲听了鲍叔牙的打算之后，说道："我和召忽是一起侍奉公子纠的，可是现在，公子纠生前我没能辅佐他登上君位，他死后我也没能跟着而去，心中已经十分愧疚。如果再去侍奉公子纠的仇人，那么天下间的人都会耻笑我的不忠不义的！"鲍叔牙则十分诚恳地说："我一直以为你是一个聪明人，可是这个时候怎么就糊涂起来了。成大事者不拘小节；而建功立业的人，更是不需要别人的原谅。你是一个治国的奇才，而齐桓公则是有着雄心的君王，如果你能够辅佐他，那么你日后的功劳一定不可限量，而你是事迹也会名扬四海，那个时候，谁还在乎你的过去呢。"

将管仲说服之后，鲍叔牙便回到了齐国的国都临淄，给齐桓公报告了这件事情。鲍叔牙提议，应该挑选一个黄道吉日，用最隆重的礼节，让齐桓公亲自去迎接管仲，由此一来，不仅可以表现出对管仲的重视，让管仲日后能够死心塌地辅佐齐桓公，而来这个举动也让齐国上下都认可了齐桓公的礼贤下士、大度宽容的形象。

管仲任职齐国的上卿之后，他深感齐桓公的知遇之恩，竭尽全力的辅佐齐桓公治理国家，随后他又颁布了一系列的改革政策，制定了有利于军事、经济发展的政策，使得齐国越来越富强，越来越强大。

在管仲的协助下，齐桓公成为了春秋时期的第一个霸主，而齐国则成了第一大国，即便是这样，管仲一生也是小心翼翼，谦虚谨慎行事。公元前647年，周王室内部叛乱，周襄王向齐国求救，齐桓公则是将这件事情交给管仲去办，管仲将这件事情处理得恰到好处，周襄王为了表示对大国的尊重，他准备用上卿的礼仪来招待管仲，但是管仲却并没有接受。最后周襄王只得改为下卿的礼仪，管仲才答应出席。

当时，齐桓公想要封禅泰山，希望能够用这样的方式让后人记住他的丰功伟业。当齐桓公在朝堂上说出这件事情的时候，管仲并没有说一句话。下朝之后，有一个大臣问他为什么不阻止齐桓公的决定呢？管仲说道，齐桓公本身是一个好胜的人，像这样的局面，一定要私下里阻止，如果是正面阻止，结果可能就会适得其反。当天晚上，管仲前去拜访了齐桓公，并且成功说服了齐桓公，让他取消了封禅的决定。

公元前645年，一代名相管仲的生命走到了尽头，他在床榻前，齐桓公前去探望并且询问他合适的上卿人是谁。管仲道："国君您对自己的臣子应该很了解。"齐桓公想说是鲍叔牙，管仲却说："鲍叔牙是一个正人君子，但他见不得一点恶事，这样的人不适合为政的。"齐桓公又问："那么易牙如何？"管仲说："易牙太残忍，竟然可以杀死自己的亲生儿子，不适合。"齐桓公又说："那么开方怎么样？"管仲答："开方太无情，连自己的父亲去世都不回去，是一个无情无义之人，不忠诚。并且从他放弃封地来看，他是一个有野心之，国君一定要远离他。"齐桓公接着说："那么竖刁总可以吧？他为了侍奉寡人还自残身体。"管仲摇摇头："连自己都不爱惜，是不会忠心的，还请国君不要和这三个人走得太近。"随后，管仲还向他举荐了隰朋，说他是一个可以相信的人，能够帮助国君治理国家。不过很可惜，齐桓公并没有听从。

过了没有多久，管仲便因病逝世了。齐桓公没有按照管仲说的那样，他还是重用了易牙等三人，最后落得自己饿死的下场。

可以这么说，如果没有管仲，就不会有齐桓公，如果没有管仲，也不会有那时的齐国，但是管仲死后，齐桓公的宏伟霸业却也走到了尽头，未免不叫人可惜。管仲是我国著名的经济学家、哲学家、军事家、政治家，死于公元前645年，终年七十八岁。

子产——真正务实的政治家

人物名片

子产（？～前522年），字子美。他的家族是"七穆"之一，也就是所谓"国氏"家族。公子的儿子又被称为公孙，因此他又叫公孙侨。他以父亲的名字作为自己的字，又称为国侨。他是春秋时期郑国一位著名的外交家和政治家。公元前554年被郑国君主起用，拜为卿，公元前543年开始参与朝政。他听取国人的意见，开始推行改革，反对迷信，同时还提出了"天道远，人道迩，非所及也"的理论。他在郑国推行的改革使国家得以稳定和发展；同时，他还具备卓越的外交才能以及非常灵活的外交策略，使郑国能够在楚、晋等大国的斗争中寻到生存的机会。不仅如此，他一系列的改革措施还为其他国家政策的改革提供了借鉴，而且对后世的发展也产生了极其重要的影响。

人物风云

子产在少年时代就以他的勤奋好学和博学多才著称，因此又被人称为"博物君子"，到了青年时期，他在政治上的远见就已经显露出来了。

关于子产的少年时代，历史的资料中并没有太详细的记载。不过，子产出生在一个贵族家庭，他受到的教育一定非常好，这在他十六岁时的论侵蔡事件中就能够看出来。公元前565年，郑国司马子国打胜了蔡国，郑国全民同庆，司马子国更是高兴。但是一个少年却冷静地告诉大家作为一个小国，当务之急是管理好自己的内政，并不是去挑起战事。这样做很快就会遭到大国的侵扰。众人听了这个孩子的话，都认为是无稽之谈，毫不在意，可是后来的事实证明，这个孩子的话是对的。他就是少年时代的子产。

公元前 563 年，当时正是子驷当国，郑国发生了一系列的暴乱，子国和正卿在暴乱中被打死。全国上下一片惶恐，而此时的子产却保持着一贯的冷静。他先派人守住门口，然后将所有的家臣属吏都聚集到一起，积极部署防守；然后他就带领着十七乘兵车出城去为刚刚死去的子国和正卿收了尸，随后又带人去攻城，别的贵族也得到消息前来相助，最后暴乱的贼子全部被杀。这件事之后，郑国的卿大夫们对年仅二十二岁的子产刮目相看。此后他又帮助子孔当国，平定一系列的乱事。每次乱事他都表现出了他临危不惧的大将之风和勇敢应对敌人的才智。

公元前 554 年，子孔因为自己的专断独行被杀死，后来，子展继位当国，封子产为卿，从此子产开始了他的政治生涯，但此时的他只是着手于本国的外交事情，并没有插手内政。

公元前 551 年，晋国利用自己盟主的身份命令郑国前往朝聘。到达之后晋国人责问郑国为什么要和楚国结交，子产不卑不亢地从郑晋的友好关系说起，但是强大的晋国却并没有尽到保护小国的责任，还经常以各种借口向小国索取，因此某些小国很可能会不堪忍受，最终成了敌国。大国在责备小国之前，应该先在自己的身上找到原因。晋国人听了这番话，自知自己理亏，再也不敢责备郑国了。

公元前 549 年，子产将自己对给晋国朝贡一事的见解以信的方式给晋范宣子寄去了，在信中他以恳切的言辞劝他减轻盟国对盟主纳币的负担。最后，他的这篇信件也成为中国历史上一篇著名的有声有色的外交文件。后来吴国的势力逐渐强盛，在今天的长江淮水流域一带和楚国不断发生战争，楚国忙于战事根本无暇顾及北方的小国，此时的郑国就选择了和晋国私下里交好。

公元前 548 年，郑国的大将率领本国的军队入侵陈国，结果大败陈国。这次郑入侵陈，本是想要讨盟主晋国的欢心，因此战争刚刚结束，子产便去向晋国汇报。可是此时晋人却害怕郑国因此而强大起来，就故意刁难郑国，问子产为什么要去侵占小国？子产根据时下的情势不慌不忙地反问晋国："各国都在拼命扩张自己的领土，以使自己更加强大，我们去攻打陈国，好像也没错。"晋侯自知自己理亏，被问得哑口无言。

公元前547年，楚国对外宣称要攻打郑国，理由是为其他国家报仇。但郑国的实力远远不如楚国强大，与楚交战，只能是以卵击石。这时候子产分析了当下的形势，他认为楚国和晋国刚刚签署和议，挑起战争并不是他们的本意。楚国不过是借助郑国的地盘逞一下自己的威风罢了。子展听从了子产的意见，打开城门迎接楚军。楚国见郑国如此识相，只是在郑国耀武扬威了一番，便班师回国了。

　　子产在外交上不仅能言善辩，而且能够在特殊时刻解决国家的难堪局面。曾经，晋国的权臣赵武路过郑国，郑简公召集本国的王公大臣作陪，设宴招待赵武。赵武此次到郑国还想刺探一下郑国国内的政治形势。于是酒过三巡之后，赵武便提出请在座的请伯有、子展、子产、子西、印段、子大叔和公孙段等人为此次酒宴赋诗助兴。孔子曾经说过，作为一个国家，如果国内之人不懂诗篇，那是非常丢脸的一种行为。于是子产最后赋诗《隰桑》，不但夸奖了赵武品德高尚，还表明了自己国家作为东道主热情款待的心意。由此可见，子产不仅具备能言善辩的外交辞令，而且才思敏捷。

　　子产在处理郑国贵族之间的矛盾时也会考虑到本国政治的需要，而且也讲求礼法。驷带率领国人对伯有进行讨伐，伯有死后，郑国人因为畏惧驷氏的权势，几乎没有人敢去吊丧，但是子产却枕股而哭，并且按照相应的礼数将他埋葬了。驷氏知道后要杀子产，但是子皮理解子产的行为。于是用本国的立法劝阻他们，最终使事情得到了解决。后来子皮推荐子产从政。二人互相配合，将国内的政治治理地井井有条。后来子皮死后，子产悲痛万分，不禁失声而哭并且还向人说自己的政治思想只有子皮才能理解啊。子皮死后，子产独自从政。

　　子产决定执政之时，正值国家内忧外患。当时，晋、楚互相争夺霸主地位，郑国作为一个小国处在两国之间，随时都有被吞并的危险；而且国内的政局也十分动荡，贵族之间明争暗斗，争权夺势，随时都有发生变乱的可能。面对这种严峻的形势，子产上任之后，立即推行了一系列措施，以此来富国强兵。对内，他根据国家的具体情况重新制定相关的法度，实施宽猛相济的政策，对百姓进行安抚，抑制贵族之间的势力，保持国内的政局长期稳定；对外，积极响应各国的诸侯，在大国之间周旋，卑亢相宜，以自己卓越的外交辞令使强敌折服，为郑国赢得稳定的发展环境。子产对内推行的法度主要为宽猛相济和三项改革政策。

所谓"宽猛相济"，就是指有大略者不问其短，厚德者不非小疵。这个政策既维护了大多数贵族的利益，又适当地限制了他们的特权，使国家的政权不致遭到胁迫。对于那些贪暴过度者则采取严厉的惩处，绝不姑息。对于百姓，则主张郑国君主实施仁政，对他们存有仁爱宽容之心，同时允许国人参议国家政治要事。子产所有的改革措施都是根据本国的实际情况制定的，因此推行起来并不会很难，容易让人接受，而且有利于稳定国家当下的时政，避免发生内乱。

三项改所指的主要是："作封洫"、"作丘赋"、"铸刑书"。

"作封洫"，就是改革田制。要求重新丈量土地，划分土地的疆界，同时编制田亩，沟通田间的水利，承认农民的土地私有权，并且对农民的私田实行征税制度。后来这一项制度又被进一步改革为"作丘赋"，就是按农民田亩的数量具体征税、服兵役，这两项政策承认了国民土地私有，不但调动了国民的积极性，而且增加了国家的赋税，充实了国库，使国与民之间得到了很好的调剂。

这两项改革使旧的井田制瓦解，那么为了适应新的改革，军赋形式自然也要改变。因此，子产又制定了新的"铸刑书"制度。该制度是指将郑国改革后的新制度，以法律条文的形式公布于众，并且监督全国的国民都要严格遵守，以这种法律手段保证国家走上政通人和的发展轨道。这三项制度的重新确立不仅限制了贵族的权力，而且使许多民间的有志之士能够得到破格录取的机会，为国家搜罗了大量人才，保证了国家的稳步发展。

根据子产推行的这些改革实践，说明了他是一位真正务实的政治家，他虽然没有冲破旧的统治的枷锁，但是他根据本国的实际情况予以适当的改革，这是一种进步的思想。不仅如此《史记·循吏列传》中也对子产的政绩做出了很高的评价："为相一年，竖子不戏狎，斑白不提挈，僮子不犁畔；二年，市不豫贾；三年，门不夜关，道不拾遗；四年，田器不归；五年，士无尺籍，丧期不令而治。"这其中或许有些夸大的成分，但事实却也确实如此，子产执政期间，全国人民安居乐业，国内的政治局势也非常安稳，社会秩序井然，郑国也变得越来越强。

晏婴——才华出众的"小矮人"

▶ 人物名片

晏婴（公元前585年～前500年）世称晏子。山东高密人，是春秋时期非常有名的齐国大夫。晏子身高不满五尺，却聪颖机智，能言善辩，历任灵公、庄公、景公三世，是春秋后期一位重要的政治家、思想家、外交家。传世有《晏子春秋》一书。

▶ 人物风云

齐景公是一位有雄心的君主，希望有朝一日能够光复先君的伟业，重振齐国雄风，于是，便召来晏婴询问他兴国安邦的策略。晏婴想了一会，说道："臣先陪君侯去微服民间一趟，回来后我们再议兴国大计，如何？"齐景公立马来了兴致，便欣然同意了。

君臣二人前往京都临淄的一个闹市，路过一家鞋店，里面摆放着各种各样的鞋子，但是却生意惨淡，而旁边的一家假脚店却门庭若市。景公搞不明白了，为什么没有人买鞋子却都去买假脚呢？景公吃惊地问店主，店主愤愤地说："当今国君滥施酷刑，很多人都被砍去了脚，他们不买假脚怎么能够继续生活下去啊！"景公听到民间对自己竟然是这种态度，很是伤心。晏婴见景公闷闷不乐，知道是刚才店主的话触动了景公，于是说道："先君桓公之所以能够建立丰功伟业，是因为他能够廉洁奉公，关心民间疾苦，选贤任能，国风清正才取得了傲人的成绩。如今君侯亲小人，远贤良，百姓……"景公自惭形秽，还没等晏婴说完就打断了他的话，说道："相国所言，寡人已经明白，寡人也要励精图治，光大宗祠社稷。"

晏婴主张改革严刑酷法，反对滥施暴力，这些主张对于缓和齐国不断激化、日益尖锐的社会矛盾和维护百姓的安定生活,是有其积极社会意义的。晏婴的这一主张,与他"宽政惠民"的仁政思想相一致的。

有一次,景公率群臣到纪地游览,有人将捡到的一个精美金壶送给了景公。景公仔细把玩,发现在金壶的里边还刻着"食鱼无反,勿乘驽马"八个大字。景公想了想解释道:"吃鱼不吃另一面,是因为讨厌鱼的腥味;骑马不骑劣马,是嫌它不能跑远路。"大臣们纷纷附和赞叹景公理解深刻。

晏婴却在一旁默不作声,沉默很久后说道:"臣愚钝,臣认为这八个字包含了治国的道理。'食鱼无反'是告诫国君体恤民生,不要过分压榨百姓;'勿乘驽马'是告诫国君慎重用人,不要重用那些无德无才的人。"景公有些不高兴,反问道:"既然有这么好的名言,纪国为什么还是亡国了呢?"晏子答道:"臣听说,君子主张一般都悬挂于明显易见的地方,时刻提醒自己,牢记不忘。纪国却把名言放在壶里,能不亡国吗?"景公听后若有所悟,吩咐随行的大臣们一定要记住金壶里的格言。时间一长,这位好高骛远的国君就忘却了自己复国建业的雄心壮志,早就把纪国那金壶里的格言抛到脑后去了。他还是想通过豢养一批勇士,用武力的办法来实现自己的霸业。

当时,齐景公豢养了三个勇士:一个叫古冶子,一个叫公孙捷,一个叫田开疆,三人号称"齐国三杰"。这三个人个个勇猛异常,深受齐景公的宠爱,但是他们借着齐景公的宠爱为所欲为,非常的嚣张狂妄。当时齐国的田氏,势力越来越大,已经成为了齐国最大的一个家族,直接威胁到景公的统治。而田开疆正属于田氏,晏子很担心"三杰"为田氏效力,多次请求景公除掉"三杰",然而景公没有理睬晏婴的建议,晏婴为此忧心忡忡。

一天,鲁昭公访问齐国,齐景公设宴款待。"三杰"佩剑站在大堂上,态度十分蛮横傲慢。这使晏婴非常气愤,于是好说歹说终于将齐景公说动了,同意除掉这三位勇士,可是,要除去这几位大力士绝不是轻而易举的事情,要怎么做才好呢?晏婴不愧为一位足智多谋的名卿,他不多一会儿,便想出一计。当两位君主酒至半酣时,晏婴说:园中的金桃已经熟了,我去摘几个让二位国君品尝品尝。说完晏婴俯首告退,不一会,晏婴端着玉盘献上六个桃子。众人一见,这桃子个个硕大新鲜,桃红似火,香气扑鼻,令人垂涎。景公就问了,怎么就这么几个？晏婴说，其余的都不大熟，只摘了这六个。说完恭恭敬敬地献给鲁昭公、齐景公一人一个。鲁昭公一边吃一边夸奖桃味甘美。景公很高兴，赏给了名臣叔孙诺和晏婴。这时，盘中还剩有两个桃子。景公在晏婴的授意下，传令群臣功劳最大的两个人就能够吃到金桃。为了这么个金桃，三人争了起来，各个邀功都说自己的功劳最大，而事实上功劳最大的田开疆晚了一步，没有吃到金桃，觉得在二位君主面前丢了颜面，挥剑自刎了，公孙捷和古治子沉不住气了，为自己刚刚的行为而感到羞愤，竟也先后拔剑自刎了。

　　晏婴当政期间，齐国公室衰败，大夫专权日益严重，并且屡屡发生了亲人兄弟君臣间自相残杀的事件。面对这种形势，晏婴提出了以礼治国的想法，他认为，礼是一种维系社会秩序的行为规范，而君王的守礼是十分重要的。晏婴常常规劝景公带头遵守礼规。当时，一些大臣们看到景公非常喜欢儿子荼，就商量着想让景公废掉公子阳生而立荼为太子。晏婴知道后认为这是违礼的举动，庶子不能逾越长子。但是，景公却不听晏婴的劝告，执意要立荼为太子，以至于后来酿成了大臣频频立君又频频废君，最终将齐国占为己有的大祸。

　　当时齐国的赋敛也非常的繁重，统治阶级为了满足他们骄奢淫逸的生活，无限制地对人民剥削。结果是公室所积聚的粮食财物因陈放过久都腐朽生虫了，而百姓们却陷入了饥寒交迫的境地。晏婴得知后就借助当时齐景公因久病不愈而欲诛祝史的问题，趁机劝说景公行仁政、薄赋敛，他说：齐国境内的人民很多，不管祝史怎么样地去祭祀祈福，又怎么能敌得过怨声载道的人民的诅咒呢？您如果要杀祝史，还不如潜修自己的品德，施行仁政呢。

　　齐景公听了晏婴的话就立刻下令各级官吏推行仁政，下令轻徭薄赋，与民休息。与此同时，景公深感自己的错误，下了罪己诏向国人谢罪。

　　同时，晏婴还劝诫景公举贤用能，礼贤下士，惩治谗佞。他认为谗佞之人是造成国君闭目塞听，贤人无法畅言，若不及时制止，他们将进一步谗害忠良，危害国家，是国家衰落的原因之一。

　　春秋中期，诸侯争霸，战争纷起，中原强国晋国就盯上了齐国。为了探清齐国的形势，晋国便派大夫范昭出使齐国。齐景公款待了范昭。席间，范昭借着酒劲向齐桓公讨酒喝，齐桓公吩咐左右将酒斟入自己的酒杯给了范昭，范昭一饮而尽。晏婴看在眼里，立即命人给景公换了个酒杯。因为当时的礼节中，君臣不能用同一个酒杯，范昭用了景公的酒杯，本身就是对景公的大不敬，范昭本来想通过这招试探景公的反应的，没成想被晏婴识破。回国后，就对晋平公说了这件事，并且认为齐国有这样的人才，现在攻打，一定没有胜利的把握，还是先放放吧。于是，晋平公放弃了攻打齐国的打算。

晏婴的细心和敏捷，使齐国免遭了一场战争的洗劫。虽然说晏婴的身材矮小，但是他庄重识大体，威严的气势和应对如流的言辞很完美地弥补了他的这个缺憾，让各诸侯国都敬他三分。每次齐景公交给他的出使任务，他都能不辱使命，完成的特别出色。

有一次，晏婴出使吴国，吴王听说晏婴以能言善辩和反应敏捷著称，就想试探一下。当晏婴到达吴国时，负责接待的侍从就在吴王的吩咐下对晏婴说："天子请见！"晏婴一听非常吃惊，齐吴是诸侯国，吴王却在这自称天子，这不是存心蔑视齐国，要为难于我吗？晏婴灵机一转，就站在原地不动。"天子请见！"侍从官连喊三声见晏婴没有任何反应，就飞速禀报了吴王。

吴王无奈，只好出来亲自迎接。晏婴见吴王出来，便首先施礼，然后问吴王："我奉齐王之命前来拜访贵国，但是我最近耳朵有些毛病，总是听侍从官高喊天子谨见，既然您自称天子，原来的吴王应该算什么呢？"吴王非常恼怒，但又无可奈何，只好按照诸侯礼节召见了晏婴。吴国朝廷中的官员见到这般情景，私下里无不感叹：这个人虽然其貌不扬，但却机智无畏，不简单啊。晏婴雄辩四方的威名传遍了各国，得到了许多人的尊敬。

晏婴虽然身为辅相，却大力倡导俭朴节约，他不像贵族士大夫们那样骄奢腐败，生活奢侈堕落。他身体力行"食不重肉，妾不衣帛"，以清廉节俭为齐人所称道。他平时穿的和百姓一样，都是粗布衣服，即便祭祀祖先时也不过把衣服洗干净了再穿而已。他只有一件狐皮大衣，但是却只是在出使他国或参加盛典时穿，并且一直穿了三十多年。他每天的饮食也很清淡，正餐也不过是糙米饭，只有一荤一素两个菜而已，从不搞特殊。

晏婴的住房低矮简陋，环境又差，外形看来根本就不像是一个相国府，更像是一个民居。齐景公看他的住宅如此贫酸，就多次要给他盖座新房，都被他婉拒了。一次，景公在他出使鲁国期间，为他扩建了住房，他回来后，把车停在郊外，怎么也不肯回到扩建的家中。齐景公无奈，只得恢复了原貌。他对齐景公说："我这样做，是为了给黎民百姓做个榜样，如果大臣们各个锦衣玉食，奢靡享乐，百姓们就会跟着效仿，就会导致社会风气的败坏，奢靡之风盛行。到那时，想要纠正就更难了，所以我不能接受您的赏赐。"齐景公尊重了晏婴的做法。

齐景公有一位宝贝女儿，年轻貌美，对晏婴心仪已久。她经常在宫中听到晏婴的事迹，虽然见晏婴长得并不高大英俊，但还是对他暗许芳心，一心想要嫁给他。景公也很看重晏婴，就准备找机会撮合这门婚事。一次，景公故意在空闲时间到晏婴府上赴宴寻找机会，酒至半酣，看到一个老妇人穿堂而过，便明知故问："这就是你的妻子吗？"晏婴点头称是。景公故作惊讶地说："相国啊！你位居高位，整天面对这么一个又老又丑的妻子，真是委屈你了。我有个女儿年轻漂亮，对你倾心已久，愿意给你当夫人，你看怎么样啊？"

但是，晏婴马上站了起来，诚惶诚恐地说："虽然我的妻子现在又老又难看，可是她也年轻过。年轻的时候也非常漂亮，我们一起生活了几十年，是时间和生活将她催成了这样子，她为我付出了很多，我决不能辜负她！君侯您的好意我心领了，但恕我万不能从命！"说罢，俯身下拜不起。景公见状，也不再勉强他了。晏婴一生清廉俭约，即便是在临终之际，也不忘告诫家人丧事从简，不许铺张浪费。

晏婴在齐国的政治舞台上度过了他的一生，他机智灵活而不固执呆板，忠君而不保守，遵礼尚贤而又节俭爱民。司马迁作《史记》时，将他与齐国的另一著名相国管仲并列在一起作传，但是却对两人做了不同的评价："晏子俭矣，夷吾（管仲）则奢；齐桓以霸，景公以治。"同时情不自禁地说："如果晏婴还在世，我心甘情愿为他当马夫。"仰慕之情，溢于言表。

在中国历史上，不乏将相之才，但晏婴却是一个很独特的人物，这无关乎他的地位，更在于他幽默机智充满灵气的辩才。更重要的是，晏婴只是一个又矮又丑的人，却能够当上相国，用自己独特的方式，影响了三代君主和臣民，这在春秋各国中可是不多见的。

商鞅——下场悲惨的变法者

人物名片

商鞅（公元前390年~公元前338年），今河南濮阳人，本名公孙鞅，后来因为在秦国辅佐秦王，被封为商君，才被人们叫做商鞅的。他是战国时期著名的政治家也是法家的代表人物。商鞅举行的变法不仅为秦统一中国奠定了基础而且对当时社会的进步也起到了巨大的推动作用。但是，这一切变法却危及到了保守派贵族的利益，最终商鞅惨遭车裂而死。

人物风云

商鞅从小受李悝、吴起等人的思想影响，对"刑名之学"产生了浓厚的兴趣，就潜心研究起了治国之道。他曾经在魏惠王的相国公叔座手下做事，深得公叔座的重视。公叔座病危时，曾向魏惠王说："商鞅是一个可以为相的相才，如果不用，就一定要把他给杀了，千万不要让他离开魏国为他国所用，否则，他将会成为魏国最大的威胁。"魏王不以为意、没有照做，直到后来秦国攻打魏国时，他才后悔自己当初没有听公叔座的话。

战国前期七雄争霸，秦国还处于比较落后的地位，秦孝公为了实现自己的雄心壮志，决定在各国征召有才能的人辅佐自己。他在求贤诏令中说："谁要能让秦国强盛，不仅能够得到土地而且有高官厚禄在等着他。"商鞅在魏国郁郁不得志，听到这个消息，就决定到秦国去碰碰运气。

到了秦国，商鞅通过秦孝公亲信景监的介绍，得到了与秦孝公见面的机会。商鞅为了摸清秦孝公的性格，前两次会面时，他只讲王道，闭口不谈强国之策，秦孝公听得昏昏沉沉。到了第三次，商鞅知道时机已到，就大讲富国强兵之道，秦孝公听了大加赞许，也有了精神。两人非常投机，谈了很长时间，从此商鞅得到了秦孝公的重用。

在取得了秦孝公的信任之后，商鞅就将自己的变法思想告诉秦孝公，说这样一定能使秦国强大起来。刚开始，秦孝公很赞成变法。但是，变法触犯了秦国贵族的利益，纷纷坚决反对变法。秦孝公看到这么多的贵族反对，开始犹豫了。于是，他就召集了一些朝廷大臣商议变法是否可行。

商鞅说："古代圣人治理国家，只要能使国富民强，根本就不必按照老规矩来行事。"话刚说完，贵族甘龙就站出来反对说说："不对！圣贤之人通过顺应民众的习俗推行教化，明智的人是不会冒着风险治国的。依据旧制度治理国家，轻车熟路，官吏熟悉，百姓安定，否则，就会引起纷争了。"他要秦孝公三思，不可轻举妄动，以免造成祸国殃民的局面。两派争论了很久，秦孝公听着商鞅滔滔不绝的雄辩，觉得很有道理，决定支持商鞅变法。他任命商鞅为左庶长，开始了一系列重大改革。在公元前359年～前350年，商鞅两次公布了新法。其主要内容有：

一、建立法律。规定凡有军功者都可以得到相应的奖赏，贵族没有军功不再授爵。与此同时，商鞅在变法中还规定了禁止私斗。目的是在于削弱奴隶主的势力，加强封建中央集权。这一制度的出台无疑沉重得打击了旧贵族势力，鼓励了新兴的地主阶级。

二、鼓励耕织，发展封建经济。商鞅认为，农业是国家富强的基础，而商业是"末业"。商鞅的"崇本""抑末"的政策，鼓励人们发展农业，防止商贾和高利贷者兼并土地。

三、制定严厉的法令，实行"连坐"法，轻罪重刑。商鞅以严厉的法令来维护封建地主阶级的利益。

四、实行郡县制。他把秦国划分为三十一个县，设立县令和县丞管辖。县成为封建地方政权的基本组织形式，加强了中央集权。

五、开阡陌封疆，承认土地私有。鼓励农民开垦荒地，承认土地私有，允许农民自由买卖土地。这样就以法律的形式废除了旧的土地制度，肯定了封建土地所有制。

六、统一度量衡。促进了秦国经济的迅速发展。

商鞅拟好新法后，为了加强新法的信任度，商鞅派人将一根三丈长的木杆竖立在南门，说只要能搬到北门的，赏十金。人们好奇但没人敢试。他又加大了悬赏力度赏五十金。重赏之下必有勇夫，终于有人站起将木头扛到了北门。商鞅立刻当众赏给了他五十金。通过这件事，商鞅取得了人们的信任。商鞅抓住了这个时机，公布了新法。

新法的颁布受到许多人的拥护，但也遭到了旧贵族的强烈反对。新旧两种势力之间的斗争更激烈了。当时太子的老师公子虔和公孙贾在幕后唆使太子触犯新法，但被商鞅识破，就对秦孝公说："太子犯法，是老师没有教育好，应该给老师处罚。"于是就下令把他俩一个割掉鼻子，一个脸上刺了字，从此再没有人敢议论新法了。秦国经过商鞅变法，面貌焕然一新。秦国从一个落后的国家，一跃而为"兵革大强，诸侯畏惧"的强国。商鞅采取暴力手段，不断镇压奴隶主贵族的反抗，遭到了当时旧势力的强烈反对。刚开始，贵族代表派一个叫赵良的人去劝说商鞅让位，或者是取消残酷的刑罚，于人于己都方便。但到了最后就威胁商鞅，说他不遵守旧制，触犯贵族利益早晚要失败的。

秦孝公二十二年，秦孝公死了，太子驷即位，史称秦惠文王。商鞅失去了可以庇护他的保护伞，危机重重。太子的老师公子虔见报仇的机会来了，就诬告商鞅密谋反叛，惠文王偏听偏信，马上下令逮捕商鞅，商鞅闻风而逃。逃亡路上需要住店时，因没有通行文书，店主又不知道他是商鞅，当然不敢收留，否则，被发现他就要与商鞅同罪了。无奈之下，商鞅转而逃回老家，跑到了魏国，而魏国人因为他当初设计生擒公子卬，迫使魏国交还过去夺走的河西地，对他早已恨之入骨了，就坚决拒绝他入境。无处可逃的商鞅只好回到自己在秦国的封地商邑，自己组织了一些人马，准备抵抗秦军对自己的抓捕，但是寡不敌众，他最终还是被惠文王的军队抓获了。惠文王以残酷的刑法"车裂"，把商鞅处死了。

但是，秦惠文王及公子虔等杀死商鞅，并不是新旧两种势力的斗争而是地主阶级内部的一个矛盾。因此，商鞅死后，改革并没有在秦国就此止步，封建制得以继续的发展，并且得到了不断的加强。

商鞅变法是战国时期最典型也是最彻底的一次政治改革，它适应并推动了当时社会生产力的发展，是历史发展的客观要求。同时也为秦统一六国打下了坚实的基础，秦始皇实行的许多重大政策也取自"商君之法"。商鞅本人虽然因变法而惨遭车裂之刑，付出了生命的巨大代价，但他变法的伟绩和变法的勇气决心却永垂青史。

纵观历史，历史上的任何一次变法维新，不只是一种治国方略的重新选择，而且是一种社会利益关系的重新调整，这也正是改革会遭到不断阻力的真正原因。由于新法中有大量的触犯了贵族阶层的改革措施，这些土地和官职一向具有垄断特权，因而遭到了以太子为首的旧贵族势力的强烈反对。但是商鞅却并没有趋炎附势，归附在这些有权有势的人手下，他坚持自己的观点，认为法律的制定，并不只是用来约束百姓的，君主犯法与庶民同罪，因而严厉惩办那两位唆使太子违抗新法的老师，也确实起到了"杀鸡给猴看"的作用。人们可以看到，就连太子的老师都难逃法律的制裁，任何的侥幸心理都抛到了九霄云外，只好老老实实的了。经过商鞅的践行和努力，新法"行之十年，秦民大悦。道不拾遗，山无盗贼，家给人足。民勇于公战，怯于私斗，乡邑大治"，秦国的形势一片大好啊。

作为地主阶级的政治家商鞅，大肆鼓吹愚民政策。同时以最残暴的方式来镇压人民，以达到帮助统治者达到维护封建的统治政权的目的。他的"连坐"法制定的相当残酷的，加深了人民的痛苦，引得怨声四起，也为自己埋下了祸根。许多史书也都说，商鞅的变法其实对人民是没有什么好处的，刑法越来越多，越来越残酷，只会使得社会上没有人敢发表自己的意见，许多民声无法真实地传递到统治者耳中，也正是由于这些负面影响，才使商鞅死后落得了"秦人不怜"的悲惨境地，甚至也都不能被司马迁等许多的历史学家所真正理解，真是让人为之叹惜啊！

宋代改革家王安石曾在《商鞅》中诗云：自古驱民在信诚，一言为重百金轻。今人未可非商鞅，商鞅能令政必行。无论变法也好，改革也罢，其实也都只是社会的一种巨大变革。如果当时的政治社会环境比较稳妥，要在采取比较平和稳当的方式来完成这个过程，变法者就要懂得妥协和让步，达到自己身家性命的安全和变法改革成功的最大利益化。然而，历史的进步总是需要付出代价的，商鞅用自己的生命换来了变法的实施，却实在是代价太大了。如果他能作一些让步，能从重农抑商等有利于生产的改革入手，给有军功的人以奖励，不废除旧贵族的地位，也许不会踏雷而亡，落得如此悲惨的结局了。历史上的法家大都以严峻著称，采用过激的流血手段来达到他们的目的，这就是他们中大多数人下场不好且遭指责的重要原因之一。

但是，评价一位历史人物还是要看他在历史上留下了什么重要的贡献。商鞅变法之后，使得秦国迅速地富强起来，并为一百多年以后秦始皇统一中国打下了基础，也为确立和巩固封建制度做出了极大的贡献。因此，我们应该本着实事求是的原则公正地评价商鞅的历史功绩。

田单——用"火牛阵"复国的城管

人物名片

田单（生卒年不详），齐国临淄人，齐国田氏的远亲族人，战国后期齐国杰出的军事家。田单处事用兵喜欢以"奇"制胜，善用采用智术。他在恢复齐国大业的战争中屡建奇功，立下了赫赫战功，被齐襄王封为安平君，担任国相一职。

人物风云

公元前284年，群雄争霸，燕国将军乐毅统率燕、赵、韩、魏、秦五国联军大举进攻齐国。齐国不敌，很快就丧失了七十余座城池，只剩下了莒城和即墨两座城池未被攻陷。齐愍王深感大军来势凶猛，政权岌岌可危，于是，放弃齐国都城临淄逃到了莒城集中兵力死守。当时的田单还是临淄一位名不见经传的管理市场秩序小官吏。燕军势如破竹，长驱直入，连连攻城拔郡。

大军入侵，很多官员和百姓逃往即墨，途中，根据形势，田单很巧妙地将当时车轴两边突出的部位锯掉，并包上了铁皮，加固车身。因此，他坐的车行动灵活，很顺利地到达了即墨。而当时的许多官员，都因为所坐的车车轴太长，逃难过程中互相挂碰，途中不免车翻人亡，有的还因为行动缓慢而被燕军俘虏，当作了人质。从这件事中就能够看出田单还是有些聪明才智的。就在这关键的时刻，即墨的守将却突发疾病而亡，一时之间，城中因为没有了领兵御敌的主将而人心惶惶。于是，大家都推举田单继任将军，共同抗敌。国难当前，匹夫有责，田单毅然受命，担负起了领导即墨军民抗燕的大任。

田单上任即墨守将后，并没有盲目的出战。他清楚地看到，当前两军的势力相差甚远，在这种敌强我弱的形势下，如果要从根本上扭转战局，就必须想办法改变两军的力量对比。要么使齐军战斗力由弱变强，要么燕军由强变弱。为此，他采取了一系列措施。首先，他不断调整防御部署，采取各种策略激发军民的斗志，动用一切可以动用的力量。他以身作则，将自己的妻妾整编到了守城队伍中，用以增强防御力量，又拿出了个人家财来犒赏军士，激发斗志。田单由此就在军中树立了威信，团结了民心，为以后的坚守即墨创造了有利的条件。

燕将乐毅有勇有谋，熟悉韬略，是一位骁勇善战的谋将。而齐军想要守住即墨，打败燕军，就必须首先将乐毅除掉。当田单听说新继位的燕惠王不信任乐毅时，就想利用反间计来除掉乐毅。燕惠王轻信了这些谣言，派心腹大将骑劫代替了乐毅。少了乐毅，燕军实力大为减弱，军心涣散，而乐毅的离开也使田单对战争的胜利有了更大的信心。

这个新上任的骑劫是个狂傲自大、有勇无谋的粗人。他上任后，二话不说便加紧了对即墨的攻击力度。抓住了骑劫的弱点，田单就派人到处宣传说，我们最怕燕军把我们被俘士兵的鼻子割掉，再派他们来和我们作战了，那样的话，即墨城就失陷了。骑劫听后，果然派人照做了。

城内的人看到燕军这样残忍地对待自己的同胞，都很愤怒，决心誓死守城，唯恐被当作燕军的俘虏。田单又派人扬言：燕军要是刨我们的祖坟，戮先人的尸骨，我们就该弃城了。天下再没有比这更令人寒心的了。骑劫又上了当，真的派人刨祖坟烧尸骨了。即墨人从城上看见，城内每个人痛哭流涕，十分悲愤，憋着一肚子气想出战杀敌。

就这样，田单成功的利用骑劫扩大了燕齐之间的矛盾，大大增加了齐人对燕军的愤恨，从而更坚定了城中齐人仇恨燕、抗燕的决心。眼看时机已到，田单亲自操持版筑、锹锨，一起加紧修造营垒，并且命令甲士全部埋伏起来，仅仅派老弱妇孺登城守卫，迷惑敌人，又派遣使者向燕军诈降。燕军听说齐国要投降，立马欢呼万岁。田单又想方设法搜集了2万多两黄金，送给燕国将领说："即墨不久就要投降了，但是希望将军您能够不掠虏我们族人的妻妾，让我们过个平稳日子。"骑劫非常高兴地答应了，燕军从此放松了对田单的戒备。

田单觉得反击的时机到了，就开始积极地备战。他在城内收集了一千多头牛，在牛身上披上红色绸衣，画上五彩龙纹，牛角捆上刀剑，牛尾绑上浸透了油的芦苇。夜间，敌军松懈的时候，田单等人点燃牛尾上的芦苇。牛一受惊，就从城洞狂奔向燕军。牛尾火炬将到夜晚照得透亮，五千多名士兵紧跟之后冲击，留守的人们敲打铜器呐喊助威，声势浩大。燕军看到这种情况早就不知所措了，连连后退。

田单乘势追击。敌占区齐民也群起响应，所到之处势如破竹。很快就收复了之前失陷的七十多座城池。田单的"火牛阵"，是中国军事史上高度发挥主观能动性、以弱胜强的经典战例，堪称战史奇观。

田单复国有功，被齐襄王封为相国，并把安平城赐给了他，所以田单也被称为安平君。然而田单的高升却引起了贵族大夫们的不满和嫉妒，总想找个机会教训一下田单。但是田单虽然身居要位，但是仍然能够体恤百姓，为百姓做实事，深得人民的爱戴和尊敬。他看到，刚刚经历战争的百姓生活举步维艰。可是那些贵族大夫们却丝毫不管百姓死活，为了自己享乐，仍旧强征暴敛，搜刮民财。田单非常生气，便向齐襄王上报了这一情况，并晓以利害关系，齐襄王便下令约束了士大夫们的行为，这下更加惹恼了那些贵族大夫，他们暗自勾结，千方百计地污蔑陷害田单。但田单认为自己问心无愧，就对这些污蔑和谣言没有理会，也没有在齐襄王面前辩解。时间久了，坏话听多了，而田单又没有任何解释，于是他越来越怀疑田单。

有一次，田单路过淄水，见到一个老人蹚河而过，出了水面已经嘴唇发紫，支撑不住了。田单便解下自己的皮袍给老人披上，迅速将老人抱入怀中，用自己的体温为老人取暖，并让车夫快马加鞭奔往安平城。田单回到家时，老人脸上已经现出淡淡的红晕，渐渐地缓了过来。田单忙令家人悉心照顾老人，直到老人康复。

田单雪地解衣救人的事，很快传遍了齐国，人们更加尊敬这位国相了。这消息自然也传到了那些贵族大夫的耳朵里，他们决定利用此事参田单一本。一合计，他们便跑到齐王宫里，对齐襄王说田单救人其实是为了收买人心，阴谋篡位。

原本齐襄王就因为之前的事对田单起了怀疑，禁不住这些士大夫们的炮轰，就相信了田单别有居心了。贵族大夫们见目的已达到，齐襄王已经动摇，心中暗自高兴，便辞别齐襄王，各自回府，等待处死田单的好消息了。

贵族大夫们走后，齐襄王生怕走漏风声，警惕地四望，却看见一位宦官脸色诧异地站在窗外。齐襄王有些不放心，便把这位宦官叫到近前责问他。宦官也有些害怕，承认了自己刚才的确听到大夫们的话。但他请求齐襄王能够听他一言，齐襄王应允。

于是，宦官就对齐襄王动情地说："相国身居高位，却从来不依仗权势徇私，他体恤民间疾苦，战争刚刚结束，百姓生活很是艰难。而那些士大夫们只顾自己享乐，完全不管百姓死活，千方百计地搜刮民脂民膏，怨声四起。如果敌人此时入侵，后果简直不堪设想。相国见此，不仅把自己的家财拿出来救济百姓，跟平民一样过着节俭的生活，而且倾尽自己的全力安抚前来逃难的平民，将青壮年编入军队，积极训练，预防外敌入侵。他这样做，完全是为了国家着想啊。主公，你仔细想想，如果相国想要当王，还要等到现在吗？当初退敌复国，先王已殁，而您又不在临淄，当时众人一致要推举他作为国君，只要他点头，齐国不就是他的了，可是他还是说服了众人，把主公从莒城迎回来当国君。从这点上看，相国会有篡位之心吗？"齐襄王听到这里，才茅塞顿开，感叹自己差点就听信谗言陷害忠良了。

后来，齐襄王就以诬陷罪惩罚了那些进献谗言的贵族大夫，封赏了田单，并把全国的兵权全部交给了田单。此后，田单更加倾尽自己所能辅佐齐襄王，齐国日渐强盛。

田单跟襄王的矛盾有所缓和后,田单准备攻打狄族,鲁仲连就说:"将军您现在去攻狄族,恐怕是攻不下来的。"田单不以为然,说:"当年我以即墨的残兵败将能够击破兵强马壮的燕军,光复齐国沦亡土地,现在又怎么会攻不下狄族呢?"。

于是,田单率军进攻狄族,可是三个月也没能攻下来,田单开始害怕了,忙向鲁仲连请教自己久攻不下的原因。鲁仲连说:"将军在即墨的时候,能够与将士们同生死共患难,全军将士无不抱着必死的信念跟着您奋战,所以才能打败燕军。现在将军您生活优越,已无战死之心,所以无法取胜啊!"田单听了犹如当头棒喝。第二天,他振奋精神,亲自督战,站在箭雨之中,与将士共进退,狄才被攻下。

田单破燕复齐后十四年,齐襄王去世,齐王建继位,但是实权却落到了君王后的手中。于是,田单不顾赵奢的反对,离开齐国去赵国,并统率赵军攻克燕及韩的城邑。田单从收复失地迎接齐襄王回临淄,到他离开齐国去往赵国的十四年间,先是与襄王发生矛盾,接着是优裕的生活磨灭了他的政治意志,看不到他任何振兴齐国的政治措施,而他最后在各国间也未发挥什么重要的作用。

《战国策·赵二》说:"田单将齐之良,以兵横行于中十四年,终身不敢设兵以攻秦折韩也,而驰于封内"。齐国虽然最后复国,但是战争带来的损耗却始终没有得到恢复,而燕齐之间的战争也整体上削弱了整个东方国家对抗秦国的力量,为最后秦统一全国埋下了伏笔。

张仪——靠舌头闯天下的人

> 人物名片

张仪(?~公元前309年),魏国人,战国时期著名的纵横家,政治家,外交家和谋略家。相传张仪与苏秦都曾经拜鬼谷子为师。苏秦对张仪的才华很是敬佩，自叹不如。张仪曾经两次为秦相，两次为魏相，一生纵横在各国的舞台上。

人物风云

张仪本是魏国贵族后裔，曾经与苏秦一起拜入鬼谷子门下，研习合纵、连横之术。张仪师成之后，便开始周游列国，游说诸侯。一天，楚国令尹国相昭阳家中正在举行宴会，觥筹交错，好生热闹。席间，令尹昭阳突然发现自己的玉佩丢了，满座哗然。渐渐的，所有人的目光都集中到了张仪身上，作为一个刚出道的新人，而且能说会道，怀疑最大。

于是，昭阳不问青红皂白，昭阳就命人把张仪捆绑起来，严刑逼供。张仪没有偷东西，虽然被打得皮开肉绽也不承认。昭阳见状，将他赶了出去，并没有怎么为难他。张仪刚出山就遇到了如此待遇，心中好不郁闷。他满身是伤，跌跌撞撞地回到了家，让妻子给他擦拭伤口。

一想到同门师兄苏秦如今已在赵国当上了相国，而自己现在却仍然一贫如洗，待在家中。心中涌起了一股说不上来的苦楚。突然，他张开嘴巴问妻子："你看我的舌头还在吗？"妻子不解其意，笑着说："当然了，你的舌头还在。"张仪欣慰地说道："只要舌头还在，这就足够了。"之后，张仪就凭借他的这张利口，巧施纵横之术，辅助秦国。

当时，苏秦正缺一个能派往秦国为他工作的人选，就想到了这位同窗兄弟。而这时，张仪正抑郁不得志，当然非常希望得够到同窗的提携，以便日后能够实现自己的心中夙愿，便决定去投奔苏秦。

于是，张仪满怀希望地来到赵国，可是却没有人给他通报。一直等了有近半个月都没有见到苏秦，张仪心中一肚子气，想要离去。可是店主却说："您不是说相国会派人来请你吗？如果你走了，我上哪去找你啊，我也不敢让你走啊。"

张仪陷入进退两难的境地，心里很是烦躁。又熬过了几日，总算盼来了苏秦的接见。尽管料到了苏秦不会对自己热情款待，但实际情况竟然比他的预料还要糟糕很多。苏秦态度傲慢，并用粗茶淡饭招待了张仪，而他自己面前却是一桌山珍海味。张仪心中好不痛快，但是肚子饿得难受，只好勉强坐下来吃饭。

没吃几口，就听苏秦怪声怪气的说："你才能比我强，现在怎么混到了这步田地，我要是把你推荐给赵国，也不是什么难事，但是，我怕你这样给我丢人啊。"

张仪听罢，再也坐不住了，直气得七窍生烟，说道："苏秦！同窗多年，我以为你没有忘记我才来看你。没想到你却变成了这样，一点情谊都没有，根本就不把我放在眼里。你太势利了，今天，你就当我没有来过！"

张仪本以为能够得到机会一展抱负，没想到却受了一番羞辱，怒火中烧，拂袖离去。张仪决定弃赵而去，如今除秦国之外的六国相印都在苏秦手中，自己去了肯定捞不到什么好果子吃，只能去秦国了。于是，他毅然改道，西行入秦，却不知自己正是按照苏秦为他设计的道路在走。以至于后来张仪的成功，苏秦的失败，也只是两种不同行为方式的结果，和两人的才能高下是没有关系的。

张仪走后，苏秦叫来他的舍人，盼咐他说："张仪是天下贤能的人，我自愧不如。我有幸先功成，可是只有张仪才能够得到秦国的权柄。他之前贫困，如果给他利禄，我怕他乐小利而不上进，所以才用激将法来激他。你在暗中好好地侍奉他。"苏秦请求赵王拿出金币车马，派舍人暗中帮助张仪，但不要告诉他。

周显王四十年，张仪终于见到了秦惠王，张仪就用连横破合纵的计策来积极地游说秦惠文君，惠王见张仪能言善辩，足智多谋，就立刻起用了张仪，拜为客卿一同谋划军国大事。苏秦派的舍人使命完成，打算回去复命，便向张仪辞行。张仪说："我今天的成就是在您的帮助下得到的，我正要报答先生，怎么忽然要走呢"舍人说："你真正要感谢的人是苏相国。"然后把苏秦意图一一转告。这时，张仪对苏秦的怨恨已经完全被感激所代替，就说："我刚来秦国，怎么可能攻打赵国，代我谢谢苏君。他用事时，我决不贸然建言。况且苏君活着，我怎么能够攻打赵国啊。"

至此，张仪开始了自己拆散合纵、推行连横的进程！张仪连横之术最主要的目的就是拆散齐楚联盟，孤立可以与秦国相抗衡的这两个国家，为了更好地完成自己的使命，张仪去魏国当了相国。

张仪巧舌如簧，经常时不时给魏哀王灌输归附秦国的思想。时间久了，魏哀王便觉得张仪的分析很有道理，便背弃合纵盟约，与秦结好。张仪完成第一步后，回到秦国，仍然做了秦国的相国。三年后，魏背叛秦国而重新加入合纵。秦王大怒，出兵攻魏，夺取了魏的曲沃城。次年，魏重又归附秦国。

张仪成功地将魏国拉出了苏秦的合纵，拉进了他的连横。他的下一个目标就是他的死对头——楚国了。

当时的楚国，虽然地广兵多，但其实只是一个空架子，而且政治极其腐朽。张仪一来到楚国，就花重金买通了靳尚，靳尚拿人钱财，自然乐于帮他举荐。楚怀王听说张仪来楚国，盛情款待了他并亲自接见。怀王问张仪说："您大驾我们出国有什么事吗？"张仪对怀王说："大王您要是愿意与齐国绝交，我愿意献上六百里的疆土给楚国。如果您愿意与秦国结好，秦王愿意将他自己的女儿许配给您当夫人，秦、楚结为兄弟国家，您看怎么样啊？"

昏庸贪婪的楚怀王一听此言，顿时眉开眼笑，当即就答应了张仪。楚国的庸碌大臣，纷纷拍楚王的马屁，说楚王英明，只有陈轸忧心忡忡。他觐见楚王，让楚王三思，并提出了诈降等得到土地之后再决定的想法。被"礼物"冲昏头脑的楚怀王怎么能够听进去，便说"你就等着本王不费一兵一卒得到这六百里土地吧。"陈轸无奈，只能哀叹。

楚怀王唯恐张仪夜长梦多，丢了这个机会，就给了张仪丰厚的馈赠，并把楚国的相印授给了这位不速之客。并且立马宣布与齐国废除盟约，断绝往来。然后，派将军逢丑父随张仪到秦国，讨取土地。

张仪到达秦国后，假装从车上摔下，摔得很严重的样子，并在家里躺了三个月没有上朝。楚怀王听说以后，以为嫌他与齐国断交不够彻底坚决，就派勇士前往宋国，借助宋国的符节进入齐境，大骂齐王。齐王暴怒决定报复楚国。不过，齐宣王非常清楚自己的实力还不足以与楚国抗衡，就率先与秦国交好，相约一同进攻楚国。当秦与齐恢复邦交后，张仪感到时机已经成熟，便对逢丑父说："我有六里封地，你可以占领它回去复命了。"使臣知道上当，立马报告楚怀王，怀王大怒，出兵讨秦。结果遭到秦齐联军的攻打，大败而回。

令秦王忧心忡忡的齐楚联盟，只凭张仪一人出使楚国一趟，就使得齐楚联盟土崩瓦解，互相残杀。秦国还获得了楚国大量的土地，更加强盛起来。

张仪离开楚国后，又顺道去了韩国，游说韩襄王。他深知各国要害，而韩襄王又惧怕实力强大的秦国，只得俯首听命。随后，秦王又派他前去燕、赵、齐、等国游说。这样，张仪就凭借着他能言善辩，巧舌如簧的口舌，游说东方诸国，使他们互相猜忌，而又都与秦国友好，这样一来，就达到了操纵六国的目的。至此，张仪的连横策略已经成功并且取得了卓越的成效。

周赧王四年，当张仪游说东方诸国大功告成，欣然返秦的时候，却发现万分宠信他的秦惠王已经去世，其子武王即位。他与武王向来有间隙，武王在做太子的时候就因为自己在惠王面前备受恩宠而怀恨在心，如今武王当政，自己的好日子恐怕不多了。果然，张仪一回到秦都咸阳，便立即遭到了同僚们的谗言进谏。而各国诸侯也感觉前途黯淡，纷纷改行合纵外交。

张仪这时的处境可谓是危机四伏，他觉得自己再待下去必然会招致杀身之祸。左思右想，便对秦武王说："为秦考虑，如果东方纷争四起，大王才能够获得更多的土地，我听说齐王最恨我了，我如果前往魏国，齐国一定会大举进攻魏国，您就可以趁机攻打韩国，完成大业了。"

秦王信以为真，非常高兴，欣然同意，并且出动了三十辆兵车送张仪去魏国。张仪到了魏国，齐国果然出兵攻打魏国。魏襄王非常害怕，张仪却十分淡定地对魏王说自己能够使齐国罢兵。魏王半信半疑。张仪派舍人冯喜到齐国说服齐王。冯喜辗转来到齐国，对齐王说："天下人都知道，大王恨张仪入骨，但是却因为张仪在魏国就攻打魏国，这其实是个计谋。"齐王不明白就问原因。冯喜便把张仪与秦王的计策告诉了齐王，齐王心里不禁叹道："好个张仪，我又险些中了你的道儿！"于是，撤兵离开了魏国。魏王听说自行撤兵，当然喜色溢于言表，对张仪是越来越宠信了，任命他为国相。然而，仅过了一年，张仪便于周赧王六年死于魏国。至此，一代纵横家张仪的历史就此终结。

张仪基于商鞅变法，"外连衡而斗诸侯"，运用自己雄辩的口才和诡异多变的谋略，纵横捭阖，立下了许多功绩，成为秦国在政治、军事和外交上举足轻重的人物。他在危机四伏的险恶环境中，主要就凭借他的外交手段和采用连横策略就使得秦国的国威大涨，起到了巨大的威慑作用。

孟子的弟子景春就称赞他说："公孙衍、张仪，岂不诚大丈夫哉！一怒而诸侯惧，安居而天下熄。"由此，我们也能够看出张仪在那个时代造成的深远影响。张仪死后，六国虽然又重新回归合纵，但合纵却已经没办法持久和巩固了。而张仪所创之连横，成了以后秦国统一天下的基本战略。苏秦和张仪可以说都是战国时期杰出的纵横家，或者是说他们开创了一个纵横时代。

无论是连横还是合纵，其实都是一家的产物而已。苏秦当年，也是首先开始游说秦国没有成功才游说六国的，但是又无力控制秦国的政局，所以才使用激将法让张仪相秦。从此，兄弟两人以列国为棋盘，下了亘古未有的一盘大棋。两人虽然效力的国家不同，但却有相同的目标：获得成功，获得锦衣玉食。至于诸国的胜负，是举干戈还是化玉帛，安居乐业还是流离失所，都似乎与他们无关了。这些并不高尚的情操在那个动乱的年代，居然造就出了两位了不起的外交家和纵横家。

苏秦——一怒而诸侯惧的纵横家

人物名片

苏秦（？～公元前317年），字季子，春秋战国时洛阳人，与张仪同为为纵横家。可以称得上是"一怒而诸侯惧，安居而天下熄"。在苏秦的一生中功绩卓越，其中最为辉煌的便是力劝六国联盟，可以说是最为精彩的外交家。苏秦身佩六国相印，使秦国十五年不敢出函谷关攻打六国。

人物风云

春秋战国时期，诸侯国纷纷崛起，相互争夺霸主的地位，中国大地呈现出一片混乱的局面。因为常年战争不断，人才与思想的传播和交流十分频繁，这也就让春秋战国时期成了中国五千年历史上最为精彩的一段。苏秦凭借自己的舌辩之才相劝六国，成为战国时期诸多纵横家中最为出色的一位，而六国在苏秦的大力建议之下，完成了统一的抗秦联盟，而作为说客的苏秦一时间成了六国宰相。

苏秦出身贫寒，但是少有大志。年轻的他跟随鬼谷子在外游学多年，机缘巧合遇到了同窗庞涓、孙膑，于是三人决定一起求取功名，便从此告别了鬼谷子，回到自己的故里。

苏秦自小聪明伶俐，逻辑性非常强，喜欢和别人争辩，所以从小就想着当一名纵横家，游说各国。但是当苏秦的家人听说苏秦要远行，却极力反对。

苏秦受到家人的影响，在不得已的情况下，只好放弃远行的计划，在万不得已的情况下只好厚着脸皮来拜见周显王，和周显王说明了自己曾经学习过一些治国强兵的本事，希望可以收留自己，日后定当为朝廷效犬马之劳。但周显王并不信任他。失望之下，苏秦认为秦国是战国时期各个诸侯国中最为强大的一个国家，一定可以实现自己多年的抱负，所以毅然前往秦国。

在见到秦惠王之后，向秦惠王表明了来意。之后，苏秦便展开了一段精彩绝伦的演讲，苏秦首先将秦国位于地势险要之地，易守难攻，再加上物产丰厚，是中国大地上独一无二的强国，接着，他连连称赞秦惠王的治国贤能，而且军事力量强大，尤其注重军事训练，凭这一点就完全具备吞并六国、一统天下的实力。

之前，由于商鞅事件，轰动朝野，乃至全国，而举国上下都将商鞅放在第一位，对于秦惠王则是冷眼旁观，没有看出他有多大的才干。在军事方面实力雄厚，但百姓深受其害，只是敢怒不敢言，秦惠王的暴政早已让他失去民心。大多数真正实力雄厚的国家，不仅要法制严明更要君主以德治国，凭借仁义二字让天下百姓甘心归顺。在商鞅变法之后，秦国的国力确实在不断地增强，但人心不稳。秦惠王深深知道这一点，所以拒绝了苏秦的游说。在秦惠王看来，具备了这些条件还是远远不够的，因此绝对不可以贸然行事。

苏秦在游说秦王的过程中，多次碰壁。经过数年的折腾，已经到了一穷二白的地步。在不得已的情况下，苏秦只好卖掉马车，返回家乡。回到家之后，遭到母亲和哥嫂的冷嘲热讽，苏秦羞愧万分。后来，他开始发奋读书，"锥刺股"典故就此诞生了。

公元前334年，苏秦又一次告别父母妻嫂，周游在除秦之外的其他六国之间，力劝六国联盟出兵对抗秦国，这样合纵计划新鲜出炉了。为了可以更加有效地实施合纵计划，在这个时候，苏秦将张仪"诱骗"到了秦国，让张仪成为秦国的谋士，其前提是在苏秦有生之年张仪可以让秦出兵攻打东方六国。就这样，天下在两个白面书生的共同操控之下安安稳稳度过了数十年的光阴。

辞别家人的苏秦第一站就来到了国力相对弱小的燕国。在拜见燕文侯的时候，苏秦将自己的来意表明，接着便将燕国和其他的国家联盟的必要性娓娓道来：燕国之所以没能受到秦的侵略，只要是由于燕国的西面有赵国挡住秦国。但若是赵国前来攻打燕国，清早发兵，下午就可以到达。这就是大王您的不对了，您不与自己的邻居赵国交好，反而将土地转送给遥远的秦国，这种做法是不对的。若是主公可以采用我的计策，先与赵国立下盟约，就可以高枕无忧了。他出色的口才打动了燕文侯的心，之后，燕文侯即刻请他与赵国联络。

苏秦快马加鞭赶到赵国后，用燕国使臣的身份拜见赵肃侯。苏秦开始游说赵肃侯说："现在秦国最为关注的便是赵国。秦国之所以久久未敢发兵入侵，主要是因为赵国的西南边有韩国与魏国两国抵挡秦国，若是日后韩国与魏国均投降秦国的话，赵国就自身难保了。若是东方六国可以联盟共同抗击秦国，那时候，您还有什么可以担心的呢？为什么你们都要将自己的土地拿去奉承给秦国呢？若是您可以作为表率会盟各诸侯，互相订立盟约，结为兄弟，以后不管秦国进犯哪一个国家，其它五国便联合起来一同抵抗秦国。这样一来，秦国还敢如此放肆吗？"所以，苏秦请赵肃侯作为表率建议东方六国联合起来抗秦。

赵肃侯听了极为赞同，于是拜苏秦为赵国的相国，请他去各国与诸侯王以签订合纵盟约。苏秦便又以赵国使臣的身份，去其他各国进行游说，给各个诸侯王晓以利害，而且成功地取得了各位君主的一致赞同。魏、韩、燕、赵、楚、齐六个国家对于苏秦的这个新理论持绝对赞同的态度，纷纷参加了这个"抗秦联合组织"。后来，六国公开宣布，要请苏秦担任六国国相。回到赵国后，苏秦被赵王册封为武安君，授予相印，此外，还大行封赏，赐苏秦百乘革车，锦绣千匹，黄金万镒，白璧百双。请他联系其他五国共同抵抗暴秦。到此，苏秦称得上是"不鸣则已，一鸣惊人。"

所以，在苏秦作为赵国的宰相时，秦国不敢贸然出兵，进攻函谷关。以当时的那种情况，天下百姓、将相诸侯以及谋臣大将均听从苏秦的安排。苏秦根本就不用一斗军粮，不用一个兵卒，更不用说派大将迎战，在不损失一兵一卒的前提下，就可以使得天下间各个诸侯国和睦相待。

苏秦巧妙的合纵联盟计划再加上万镒黄金，一时间，赵国受到各个诸侯国的敬仰和尊重，接连与函谷关外的秦国断绝了来往。苏秦也从此由一个穷书生，一时之间成了有专车、有头衔、威行天下、神气十足的六国国相。

秦国在得知六国将要合纵抗秦的时候感觉非常吃惊。于是，秦惠文王立即接受了大臣们的提议，采取软硬兼施的计谋离间六国之间的感情，以此来拆散六国合纵。首先，秦国派使者前去离自己最近的魏国，将之前从魏国手里夺过来的几座城池原物奉还，之后又派使臣千里迢迢来到燕国，将自己心爱的女儿下嫁于燕国太子。在秦国的努力之下，魏国与燕国与秦国的关系变融洽起来。赵侯得知此事之后，严厉地斥责苏秦说："为什么会出现现在这种情况"。苏秦慌了神，于是立即出发，希望可以凭借自己的力量平息这场同盟"内乱"。

苏秦为了求取功名而将自己置身于政治争斗中，他采取六国合纵的计划，以此抵抗秦国的统一，因为违背了事情的发展规律而以失败告终。

苏秦的一生可以说是奋斗的一生。对于一个出身贫寒的学子来说，在不具备任何家族背景，没有家人的帮助之下，能够以"头悬梁，锥刺股"的坚强意志，跻身进入诸侯的尊贵庙堂，这在一向将贵族政治的看得很重的战国实在是极其难得，苏秦可以做到舍生取义，堪称是贫寒学子的楷模，这实在不是一般人可以做到的。

蔺相如——战国时期著名的外交家

人物名片

蔺相如（生卒年不详），战国时期赵国的上卿，出生于山西柳林孟门，官至上卿，战国时著名的政治家、外交家。他的生平最重要的事迹有完璧归赵、渑池之会与负荆请罪这三个事件。

人物风云

在惠文王统治时期，此时的蔺相如还只是宦者令缪贤的舍人，由于足智多谋而被缪贤尊为自己的上客。武灵王死后不久，秦国便开始不断地侵犯赵国边境，扰的赵国百姓不得安宁，在秦国一次次的挑衅之后，竟然希望在谈判桌上先给赵国一个下马威。国难当头，作为国家的臣子，怎能袖手旁观。于是，缪贤把蔺相如举荐给赵惠文王，在赵惠文王的一再请求之下，蔺相如两次奔赴秦国，均不负使命，蔺相如以他的大智大勇，接连重挫暴秦，给赵国挽回了颜面，捍卫了赵国的尊严，让秦国不敢贸然出兵进攻赵国。

在赵惠文王统治初期，一次偶然的机会得到了一块价格不菲的和氏璧。秦昭王听说此事之后，便提出要用十五座城换取和氏璧。对于这样一块小小的玉璧，秦昭王居然要用十五座城池作为交换，可以称得上是价值连城。

在赵惠文王收到秦昭王索璧的书信之后，立即召集廉颇等众位大臣前来商议对策。诸位大臣皆认为，应该将璧交予秦国，但是有担心秦国不会将自己的十五座城乖乖送上，到最后赔了夫人又折兵，得不偿失。可是要是不给的话，又害怕秦国以此作为进攻赵国的借口。秦昭王如此慷慨的肯用十五座城池来换取玉璧，一定另有阴谋，包藏祸心。但是一时之间诸位大臣又想不到一个万全之策可以对抗强大、狡诈的秦国，甚至找不到一个可以出使秦国的最好人选。

这时，缪贤面见赵王说："臣的舍人蔺相如就可以出使秦国，他有勇有谋，一定不会辜负大王的嘱托。"从此，历史的舞台上便出现了蔺相如的身影。

蔺相如在见到赵惠文王之后，赵惠文王对他说的第一句话就是："秦王书信上说要用十五座城池换取和氏璧，你觉得可以答应吗？"

蔺相如思考了片刻说道："秦国的势力雄厚，而赵国的实力弱小，我觉得您不能不答应！"继而赵王又问蔺相如说："若是秦国得到了宝璧，却不给我城池，又该怎么办呢？"蔺相如不假思索地说："现在秦国想要用十五座城池和您来交换楚和氏璧，若是赵国拒绝，那么这件事就是赵国的错，现在事情反过来想，如果秦国得到璧玉之后，却拒绝将城池归还赵国，那么错就在秦国那一方了。所以，按照我的意思是先派人把璧玉完好无损送到秦国去才是上上策。"

赵王又问："你觉得让谁出使秦国比较合适呢？"蔺相如说道："若是大王一时之间找不到合适的人选，微臣愿意前往。如果秦国可以信守约定将城给赵国，那我就把璧玉恭恭敬敬献给秦国；假如秦国不能遵守自己的诺言，拒绝把城给赵国的话，我定不辱使命，负责将和氏璧完好无损带回赵国。"于是，赵惠文王任命蔺相如为赵国使者，带了和氏璧不远千里奔赴秦国。

蔺相如到了秦国之后，秦昭襄王一听是赵国使臣带着和氏璧来了，得意洋洋地端坐在王位之上"迎接"蔺相如的到来。蔺相如将和氏璧双手献与秦王。秦王一看龙颜大悦，将和氏璧传交到美人的手上，之后，左右大臣也纷纷传看。秦王将如此重宝给美人和近侍把玩，显然没有把赵国的重宝看在眼里，最起码只是一件随便把玩的玩物而已，态度极为不郑重。在秦王的眼里若是和氏璧真的可以抵得上十五座城的话，秦王又怎会如此的不严肃。蔺相如深知秦王根本就没有给赵国城池的念头，便上前一步对秦王说道："大王，虽然这块璧玉是稀世珍宝，但是美中仍有不足之处，在玉璧上存在一些小瑕疵，让我来指给大王您瞧瞧！"

秦王一听："玉璧上存在瑕疵？赶紧指给我看看！"蔺相如从秦王的手里将璧玉恭恭敬敬地接过来，便立刻往后退几步，背对着大柱子，瞪着眼睛对秦王大喝道："这块璧玉怎么会存在瑕疵呢？而是我觉得大王在得到宝玉之后，根本就不会将十五座城池交给赵国，所以我才说了个谎话。若是大王非要逼我交出璧玉，我就与这和氏璧同归于尽。"

蔺相如说着，手持玉璧斜着眼一个劲地打量着柱子，装出想要撞击的架势。秦王害怕璧玉碰碎，便婉言道歉，请他千万不要，还找来官员共同查看地图，指出将给赵国的十五座城池。机敏的蔺相如怎会相信秦王的骗术，城是一定得不到的。于是，他便对秦王说道："和氏璧本就是被天下人公认的宝物。赵王因为惧怕强大的秦国，所以不得已才献给大王。赵王送璧的时候，曾斋戒五天。所以现在您也要斋戒五天的时间，举办隆重的仪式，我才会将玉璧献给您。"秦王一心为了得到璧玉，没有办法只能按照蔺相如说的去做。蔺相如知道秦王虽答应斋戒五天，但是最后一定还是会食言，不肯偿付城池。于是，他命自己的手下边乔装打扮，怀揣玉璧，抄小路秘密返回赵国。

秦王在五天的斋戒完成后，果真在朝廷之上举行了隆重仪式。于是，秦王下令带蔺相如前来献璧。蔺相如见到秦王之后，义正词严地对秦王说道："一直以来，在秦国的众多君主中只有极少数的君王会遵守信约，因此我担心上当受骗，所以我已经连夜派人将和氏璧送回赵国去了！若是大王真的想要拿城池换取楚和氏璧，就先割让十五座城池给予赵国，到时赵王一定会遵守诺言原物奉上。现在，不管大王如何处置我都可以，我不会有一句怨言！"听了蔺相如的一番话，秦王与大臣面面相觑，秦王想了一下，说道："若是现在将蔺相如杀死了，最终也不会得到璧玉，这样反而会损害了秦、赵两国之间的友谊。倒不如好好地招待他，日后让他回到赵国。赵王绝对不会因为一块璧玉就欺骗秦国的。"虽然秦昭王的心里极为不爽，但是也为蔺相如的英勇所折服，不仅没有杀了他，甚至以礼相待，护送他回到了赵国。

蔺相如返回赵国之后，赵王觉得他完全具备了大夫的魄力，出使秦国可以不辱国命，立下大功，于是，下令晋升蔺相如为上大夫。最终，秦国没有将城偿付赵国，所以赵国也没有将和氏璧交予秦国。

于是，两国相安无事好多年。在公元前279年，秦昭王想要同赵国握手言和，借此来集中自己的力量抗击楚国的攻击，秦王派使臣来到赵国，邀请赵王到西河渑池赴宴，互修友好。在接到消息之后，赵惠文王欣然应允了，便前往渑池与秦王相会。

宴席之上，当秦王喝酒喝得尽兴的时候，便对赵王说道："据我所知，您非常喜欢弹瑟，那么现在可否弹一曲助兴呢。"秦王实际上是在侮辱赵王。但是赵王畏惧秦王，所以不敢推辞，便只好弹了一曲。谁知这时候，秦国御史在竹简上写道：某年某月某日，秦王与赵王渑池相会，秦王让赵王为自己弹瑟助兴。这便成了秦王炫耀的资本了。蔺相如见状非常不悦，上前一步对秦王说道："赵王听说秦王对于缶情有独钟，今天正好这里有缶，那就请您击缶为大家助兴吧。"秦王大怒，怎么也不肯答应。见状蔺相如便举起缶向秦王走过来，恭恭敬敬地献给秦王，秦王仍旧是不肯。蔺相如便说："若是在这五步之内，我定会将脖颈中的血溅于大王的身上了！"秦王见势不妙，只能答应了。

蔺相如便将侍从叫来，在竹简上写道："某年某月某日，秦王曾为赵王敲击瓦罐一次。"秦国的大臣各个器宇轩昂，不甘示弱，但是直至酒宴结束，秦国也没能压倒赵国。早在赵王赴会之前，就已经命令廉颇率领大军在外守护，所以秦国也不敢轻举妄动。

蔺相如为了捍卫赵国的尊严，同秦国的君臣针锋相对，在必要时挺身而出，进行了顽强的抗争，一次又一次摧毁了秦国的图谋。之后，秦、赵两国之间有了短暂的休战期。

吕不韦——把君王当货物的大商人

人物名片

吕不韦（前292年~前235年），战国末年的秦国相，卫国濮阳人。吕不韦曾经是家财万贯的大商人，后来，因为重金资助当时还是赵国人质的秦公子子楚，并且帮助他登上秦国太子的宝座。公元前250年，秦孝文王死了之后，公子子楚回国登基即位，被称为秦庄襄王，封吕不韦当国相，号曰"文信侯"。庄襄王死后，年幼的太子政被立为王，尊称吕不韦是"仲父"。吕不韦执政时曾经攻取了周王室、赵国、卫国的土地，立三川、太原、东郡，帮助秦王理政兼并六国的这一伟大事业有重大贡献。秦王亲政之后，吕不韦被罢免官职。开始住在河南，后来搬到蜀郡。不久之后，秦王政命令他们全家搬到蜀地，吕不韦害怕被杀，于是就服毒药自杀了。

人物风云

吕不韦是以为商人出身的政治家，在我国古代历史上是很少有的。他组织编写的《吕氏春秋》对后世有非常大的影响。他是怎么登上政治舞台的呢？他又在政治方面什么作为？他又是怎样在风云变幻的政治斗争中失败的呢？

战国时期是一个群雄并起的时代，其中就出现了很多令人热血沸涌的传奇色彩的故事。有礼贤下士大肆招纳食客的四公子，有为了忠肝义胆牺牲性命的刺客，也有巧舌如簧的说客。在这个时候，商人吕不韦横空出世，在历史长河中为自己写下了光辉璀璨一笔。

战国时期，伴随着农业、手工业的发展，私营买卖也日益兴盛，商人在那个时期很活跃。这些商人中不缺乏有政治头脑的人。有些商人甚至主张用兵之道来经营商铺，吕不韦却是与众不同，他是用经商之道来谋取政权。

秦国太子安国君有二十多个儿子，但是他非常宠爱的华阳夫人却没有生下儿子。安国君的一位姬妾叫夏姬，秦王不喜欢她，她的儿子子楚也同样得不到安国君的重视，于是，就被派到赵国当了人质。

由于秦国多次攻打赵国，子楚在赵国的待遇很不好，生活起居都很简陋。这时候，吕不韦在赵都邯郸做买卖，看见子楚生活很窘迫，很不得意，就有些可怜他，心想：好歹也是秦王的孙子，怎么落魄成这样，说不定以后就发达了呢！但是他对政治风险和收益不是特别有把握，于是就去问自己的父亲"种田的利益有多少？"父亲回答说："十倍。"吕不韦又接着问："做珠宝玉器的利益有多？"父亲回答说："百倍。"吕不韦在接着问："如果帮助一个人当上王，掌控天下，利益有多少？"父亲笑着说："如果立王能够成功的话，其中的利益千万倍，没有办法计算的。"

吕不韦当然知道半道出家去从政需要投资更多，而且很有可能血本无归，但是听完了父亲的话之后，吕不韦认为子楚是"奇货可居"，一定要帮助他夺得秦国王位继承人的位置。

其实，在吕不韦眼里从政和经商是一样的，都是为了利益，只不过是利益大小不同而已。据当时的情况来看，秦国在西陲，无论是政治、经济和文化等很多方面都落后于中原其他的六国，但是秦孝公为了振兴西秦，大力推行改革，用"商鞅变法"，使国力逐渐变得强盛，兵强马壮。秦国强大以后，开始慢慢地向东扩展势力，击败了六国联合起来的战略部署，渐渐地逐步成为七国中的头等强国，有了统一六国的趋势。

当时，子楚为什么要做赵国的人质呢？在当时六国之中，只有赵国和秦国能够抗衡。当时赵国在名将廉颇的作战指挥下，两次击败了秦国的攻击；上卿蔺相如更是机智勇敢的挫败了秦王的外交攻势，逼迫秦昭襄王让子楚作人质，用来保证秦国从以后和赵国不再是敌人。

秦昭王的这一招正好将计就计，表面上与赵国和好，实际上，他用远交近攻的战略方针，吞并了邻国，来扩大自己的势力，从而实现强国的梦想。这样，就可以把赵国孤立起来。但是这样一来也就苦了子楚，作为人质的他，行动也受到监视，身边既没有亲人又没有朋友，整天无所事事，郁郁寡欢。然而，这却给了吕不韦结交子楚的一个好机会。他正是通过子楚这个落魄的王孙贵族当作他跻身政治的跳板。

为此，吕不韦开始实施第一步作战计划。后来，吕不韦就找去子楚，就问他想不想家乡，想不想回秦国，子楚说："我做梦都想着家的事，一来是我没有办法回去，二来是回去了又能有什么可做的呢？"吕不韦说："我想办法让你回到秦国，而且还会让安国君立你为世子。"子楚听后非常感动，就说："如果真的可行的话，将来我当秦国国君的时候就让你当丞相"。

如果单纯地只认为吕不韦是一时投机走上政治道路的，或者是为了谋取高官厚禄、赢取钱财的人，那也就未免太小看吕不韦了。当时吕不韦的家资，已经够他花上一辈子的了，他大可不必去做这笔很容易就惹来杀身之祸的生意。所以说，吕不韦的兴趣肯定不是金钱，而是一个国家。这里，吕不韦虽说与子楚已经达成了共识，但是，子楚是不是潜力股，换句话说到底能不能当上太子，还是个未知数，同时也不是很容易办到的。因为吕不韦清楚，子楚不是长子，而且又长期不待在秦国，当时的太子已经有二十多个儿子，要想让子楚被太子器重并立为嗣，谈何容易。

于是，吕不韦开始游说秦国的决策层。吕不韦先用重金贿赂了安国君妻子的姐姐，见到了华阳夫人。吕不韦贿赂她的同时对她说："子楚他在赵国很想你们，他聪明懂事好学，而且朋友遍布全天下，大家都说夸他是个孝子。"华阳夫人听了之后被感动了，就开始怂恿安国君让子楚当世子。至此，吕不韦给子楚完美地包装之后，让一个穷途末路的公子摇身一变成了合法的继承人。

吕不韦看到自己的游说奏效后，初步完成了在秦国初期阶段的任务。剩下的就是帮助子楚怎么样回秦国了。当时，吕不韦的小妾中，有一个漂亮又能歌善舞，而且已经怀孕了。一天，子楚和吕不韦喝酒时，子楚和他的小妾一见钟情，彼此心生爱慕。酒喝到了一半，子楚站起身来给吕不韦倒酒，想让吕不韦把那个小妾赐给他。在古代，这倒不算失礼的事情。不过小妾是吕不韦的宠妾，自然是很不舍。又想到子楚有今天的日子，完全是他的功劳。饮水不思源，居然还要夺人所爱，这口气怎么咽得下去，当时脸色就很难看，准备用师傅的身份，教训他一顿。就在要爆发的那一瞬间，突发的灵感，让吕不韦改变一百八十度的大转弯了。

他心里自问：为什么会把小妾给子楚？不就是因为他有利用的价值吗？要从他身上得到一场光宗耀祖的大富贵？况且现在宠姬有孕在身，若是把她给了子楚，如果生了儿子，他就是秦国王位继承人，有个儿子当王，天下的富贵，不都在这了吗？

公元前259年正月，这位小妾生了个儿子，给他取名为政，也就是后来的秦始皇。《史记》记载中，说"小妾隐藏了自己有身孕，生了儿子政"。也就是说政是吕不韦的儿子。

那么，秦始皇到底是谁的儿子呢？到现在还是一个千古之谜。有的记载说：西汉初年，吕后管理天下，为了成为汉朝实际上的统治者。好给自己的谋权篡位提供一个合法的理由，吕氏党人就编出了这个故事。编这个故事其实有两个目的：

第一个说秦始皇其实是吕不韦的儿子，吕氏才是真正秦朝的王室血统，在血统上和刘邦相互竞争。吕后称自己是吕不韦的后人，而且秦始皇的父亲又是吕不韦，所以自己有资格争夺王位。这可比刘邦谎称自己是虚幻的赤帝子后人的理由更要站得住脚。

第二个说吕氏才是真正秦王朝的正宗继承者，并非是刘氏。既然秦始皇的父亲是吕不韦，那么秦朝也就自然而言的变成了吕氏的天下了，那么吕氏家族重掌天下大权也就成了天经地义的事。

另一种记载表明，秦始皇的亲生母亲嫁给子楚以前，就已怀了吕不韦的儿子，这是精心设计的。另外还有记载说子楚的妻子生下儿子政，大期超过12个月了，所以政不可能是吕不韦的儿子，之所以说秦始皇是吕不韦的私生子，是当时和后来仇恨秦始皇的人对他的攻击和侮辱的片面说法，不足以成为证据。

俗话说得好：英雄不问出处。秦始皇也是一样的，无论他是吕不韦的儿子也好，是子楚光明正大的儿子也罢，他都是中国古代历史上第一个统一全国的封建帝国、秦王朝的创始人，给人类历史做出了不可磨灭的贡献。

在嬴政出生之后，秦国赵国两国的关系急剧恶化。秦昭王四十七年六月，秦将白起在长平打败赵军，活埋了四十五万人。在他出生的那年十月，王龁代替白起当将领，攻打赵国的武安等城，赵国为了求和只好割地。公元前257年，秦国进攻赵国的都城邯郸，赵孝成王很生气，要杀了秦国的人质子楚。子楚和吕不韦花了六百两黄金向贿赂看守他们的官吏，逃回了秦国。赵国当时要杀死子楚的妻子和儿子，赵夫人仗着自己家中的强大实力，竟然秘密地逃过了此劫。

公元前251年，昭王去世，太子安国君被立为王，华阳夫人成了王后，子楚成了太子，赵国也就把子楚夫人和儿子政送回了秦国。但是安国君命短，登上宝座三天就去世了，子楚继位，成为秦庄襄王，继位之后称呼华阳王后为华阳太后，生母夏姬成为夏太后。吕不韦担任相邦（宰相），被封为"文信侯"，"食河南洛阳十万户"——十万户农民所缴的赋税，都归他所有。自那以后，秦国的军政大权慢慢地被吕不韦所掌握在手中。庄襄王非常听他的话，华阳太后、夏太后和庄襄王后，能有今时今日，也都是当初他拥立的功劳，所以吕不韦宫廷所受到的待遇是秦国前所未有的。

吕不韦算得上是中国历史上一位奇人，他是比较善于进行大的策划，并且善于实施和完成这个策划的人，而他自己就贯彻地实施者。

吕不韦不仅计谋深远、算计得也长远，而且计谋很全面、算计得颇广。可以说，他把谋划分成四个步骤来进行：

第一步，他看到子楚时就觉得此子楚"奇货可居"，是一个能够赢得未来的潜力股。第二步，想要把这个"奇货"推销出去，并且把这份投资转成巨大的利润，还需要做出很多艰苦的努力，让华阳夫人甘愿为了自己的利益而为子楚奔走，让秦国向赵国要子楚。第三步，这时候，他就开始游说赵王，以长远的目光来说服赵王送子楚回到秦。第四步，为了更上一层楼，他在子楚身上可是下足了功夫，帮助子楚最终成为了太子。然而，子楚命短，即位三年之后就死了，年仅十三岁的太子政继位，吕不韦再次担任相邦一职位，被称为"仲父"，帮助太子政打理朝政，稳定了秦国的政局。

在当时，魏国有信陵君，楚国有春申君，赵国有平原君，齐国有孟尝君，都喜欢结交宾客。他们门下的食客都是知识分子，"士"的身份是僮仆不能相比，吕不韦是个极其喜欢好面子虚名的人，决定要压倒"四公子"的名声。吕不韦于是广泛地招纳天下贤士，分给他们丰厚的赏赐，到最后有食客三千人。吕不韦的方法则是集体创作，不限制题材长短，自由发挥，等每个人都交了卷，再进行讨论，然后修改，等定稿之后，编辑成书，题名《吕氏春秋》，算是他的著作了。为了大肆宣传，他命令门客把《吕氏春秋》全文抄写出来，贴在咸阳的城墙上，并且到处张贴布告说：谁能把《吕氏春秋》中的文字增一个字或减一个字，甚至改动一个字，赏赐黄金千两。布告贴出去不久，上万人争先抢后地阅读。但是贴出好久，都没有一人来动一个字，或许是人们都害怕吕不韦的权势，但是从另外一个角度来说，《吕氏春秋》也不失为一部传世精品之作。

吕不韦编的这部《吕氏春秋》，虽然归入了"杂家"，但作为先秦诸子中的杰作，它的学术价值至今不减当年。全书共分为"八览、六论、十二纪"，每览分八篇，每论分六篇，每纪分五篇，总共有一百六十篇，流传至现在，只不过第一览缺一篇。秦始皇焚书坑儒，为什么《吕氏春秋》没有被烧掉，一直是个很有趣的谜。有人说提议"焚书"的是李斯，原来是吕不韦的门客，为了感激怀念旧主，所以就唯独留存此书。在《吕氏春秋》之后这一书中对战国诸子百家之语保存得不少，就凭这一点，就可想到此书的价值。

《吕氏春秋》是战国时期百家争鸣时代最后的文化成就，当时那个时代作为文化史即将进入新阶段的重要标志，可以把它看成是一座文化发展的里程碑。尽管当时吕不韦在秦王朝尚未建立时就已经退出历史的舞台了，但是《吕氏春秋》的文化倾向依然对秦国的政治有着一定的影响力。或许可以说，《吕氏春秋》一书中的文化内涵，体现出了吕不韦的政治实践更为突出的历史贡献。

公元前249～前237年，秦国的军事政治大权就一直握在吕不韦手中。在这十二年当中，吕不韦为了推行秦国统一全国的大业制订一些政策，采取了一些非常有力的措施。

在政治方面：一是注意聘用老臣宿将，调整好内部关系，用来稳定国内的统治秩序；二是注意发掘人才、荐举人才，让这些有可用之处的人才在统一大业中发挥其该有的作用。吕不韦是一个很有见识的政治家，刚开始担任宰相那会，"委国事大臣"，并不是自己独揽掌控大权。他注重起用昭王以前的一些老臣宿将。比如，王龁、蒙骜等等这些昭王时候的名将，吕不韦都继续委予重任，让他们在战争中发挥起了很重要作用。

此外，吕不韦不拘一格地选拔可用的人才。他担任丞相之后又招来宾客三千人，为的就是了网罗大批的人才，组织一个参谋部。司马迁曾说过吕不韦"招纳宾客游士，就是为了并吞天下"。这就是问题的实质的。在吕不韦编写的《吕氏春秋》中，就非常强调用贤士来治理国家、是平天下的重要性。《慎行论》中说道："自身定下来，国家才能平安，才能统治天下，必须要有贤能人士的。"有了贤士，国不可能不安定，名无不荣；没有了贤人，国家必然就有危机，名无不辱。就是说明得到有能力的人才对得天下的重要性。

吕不韦认为启用了人才之后就得赏罚严明。赏罚不能因为是亲戚好友就不分清楚，而是要考虑他的实际功绩，要做到因功授爵，赏罚必当。尽管实际上他不可能真正做到什么事情都赏罚分明，但是提出这些要求来，对治理国家、加强国力是有一定作用的。

在经济方面，吕不韦主张大兴农业和水利，来增强实力。吕不韦从地主阶级的政治需要为出发点，单纯地认为重视农业，才能使民风淳朴，百姓才能乐意去劳作，边境才能到安宁，君主才能收到百姓的尊重，这样才能吞并天下。所以他强调国家必须劝老百姓务农，吕不韦还注重兴修水利，在他第二次担任丞相的时候，修建了著名的郑国渠，改善了关中地区的灌溉问题，有效地提高了农作物产量。虽说地主阶级更为大肆地剥夺，但也带来了"国富民强"的历史成果。吕不韦采取了以上的一些措施之后，使秦国政局很稳定，国力在增强，为以后秦国的大统一奠定了稳固的基础。

吕不韦用他的个人财富影响了政治发展，他用富商的身份来参与政事，并且取得了很不错的成就，吕不韦的出身是他后来招来毁谤的原因之一。而这种从商界跨足到政界，虽然例子实属罕见，但对于政治局面也有着特殊意义。

公元前239年，嬴政二十一岁了，按照当时惯例，第二年就要开始亲自执政了。嬴政不断地长大，吕不韦还与太后私通。不过，他倒是一个知进退的人，有危险的时候就让嫪毐假扮宦官进入后宫，代替自己与太后私通。他俩生了两个私生子，太后很是喜欢。甚至还册封为长信侯，给他俩两座封地。他和太后密谋：只要嬴政一死，就把私生子立为继承人。但嫪毐无勇无谋，后来他组织进行叛乱。最后失败了，嬴政就把那两个弟弟杀了，杀了嫪毐三族。秦王想杀了相国，但是因为他辅佐先王有功，后来他的宾客为他到处游说，最后秦王不忍治其罪。

吕不韦相国之职被罢免。茅焦去说服秦王，后来秦王把太后从雍接回到咸阳，并且让吕不韦回到自己的封地河南。

后来，吕不韦声望越来越大，他和各国臣民都有交往。国内的老百姓既害怕吕不韦又尊重他。秦王怕他谋反，于是，赐信给他，说："你对秦国有什么功劳，秦国要让你坐食十万户的赋税？你和秦王是什么关系，居然号称'仲父'？"后来命令吕不韦和他的家属搬到蜀地居住。虽没有明白地说吕不韦的罪，但当时的四川是流放罪犯的地方。他知道事情已经没办法挽回，就喝毒酒自杀了。他死后，他的门客偷偷把他给安葬了。嬴政知道之后，就分别对他们进行了处罚。这场斗争以秦王政的胜利而告终。

或许你会认为吕不韦的人生潮起潮落的，有悲伤有喜悦。在战乱年代，吕不韦能通过经商赚取家财万贯很不容易。但是，在动荡年代经商风险很大，他利用重金走上权力的顶峰是明智的选择。所以，从这点来看吕不韦是个非常了不起的政治家。吕不韦犯下的错误在于知进不知退，却因为屈从于太后的私欲，而忽视了游戏的规则。

总的来看，吕不韦在历史上的地位和功绩是不可磨灭的。他曾经担任两次任秦国相邦，为秦国日后的统一打下了一定的基础。尽管他和秦始皇的政治见解有所不同，后来又发生了激烈的权势冲突，但事实摆在那里，秦国的统一和吕不韦的功绩有着分不开的联系。虽然他迈上政治道路之后，难免会贪图利益和权势，但是他对秦的统一有着重要的贡献，他主持编写的《吕氏春秋》，对后人影响很深。

有一些史学家认为，如果秦始皇采用《吕氏春秋》当作他的治理国家的方针，秦朝没准会长治久安的。西汉初年，统治者鉴于秦王朝速亡的教训，不得不采用黄老之说的"清静无为，与民休息"，使汉初的政局安定、经济在慢慢恢复。这足以证明《吕氏春秋》的政治学说，在封建时期统一全国的理论中，并不是不可取代的。

鲁仲连——淡泊名利的高人

人物名片

鲁仲连（公元前305～前245年），也叫做鲁连、鲁连子和鲁仲连子。是战国末期齐国人，他巧舌能言，善于出谋划策，经常周游各国，帮助人们排忧解难，从来都不收取任何报酬。但是他却很低调，不愿入仕，最后隐于东海。

人物风云

鲁仲连是战国时期的齐国人，他一生淡泊名利，虽然才华很高，却不愿意入仕阿谀奉承君王，一心只想归隐山林。

当时在齐国，有一个叫田巴的辩士，自以为才高八斗，巧舌如簧，认为谁也说不过他。当时的鲁仲连只有十二岁，实在是看不下去了，就打算与田巴辩论一番，鲁仲连对他说道："既然先生的辩术这么厉害，那么，现如今楚国在南阳驻军，蓄势待发，赵国率兵攻打高唐，而燕军的十万大军将聊城团团围住。齐国现在都已经危在旦夕了，你有什么好的计谋来让齐国摆脱危机呢？你要是实在想不出办法，就不要在这里滔滔不绝地讲一些废话，要是你离开稷下学宫，就会惹得人人都讨厌你的，所以请先生还是不要再说了。"鲁仲连说得比较委婉，但是田巴却感觉无地自容，有一些下不来台了，他说："你说蛮有道理，以后我不会再说了！"鲁仲连的几句话就让这位有名的辩士从此以后都闭上了嘴巴，可见他少年时就展露出了过人的才学和智慧。

秦国将领白起在长平之战后坑杀了投降的赵军四十余万人，之后秦王又紧接着派人继续发兵,准备攻打赵国的都城邯郸,平原君一看形势对赵国不利,赵国马上就要危在旦夕了。于是,赵国就向魏国求救,希望魏国可以出兵帮助自己。魏王开始时欣然答应要派出军队去救赵国,但是后来知道秦国来者不善,就立马改了主意,只派辛垣衍一人去赵国,这当然也就是做做样子而已,根本就没有诚意。辛垣衍到了赵国见到赵王后就说道:"秦国现在派兵准备攻打邯郸,是因为齐国与赵国曾经联合起来一起对付它,齐国当时实力雄厚,曾经逼迫秦国取消了帝号,但是现如今齐国已经逐渐走向衰落,早就已经敌不过秦国,当今也只有秦才能够称霸天下。依我看来,秦国这一次出兵并不是想要灭掉贵国,只要你们能答应秦王称帝,秦国大概就会撤兵了!"

当然,这也仅仅是魏王自己想出的主意而已,他为了不派兵帮助赵国,当然就以这个借口了,其实,秦国的目标哪里只是为一个纯粹的帝号,他想通过战争来消灭敌对力量,以求得自身迅速的发展。平原君和赵王听了这话还真有些相信了,犹豫到底要不要这样做呢?

此时鲁仲连周游各国来到了赵国,他听说了辛垣衍劝说赵王尊秦让其恢复帝号的事情,就自告奋勇地找到了平原君,问道:"我在外面听说辛垣衍要赵王尊秦并同意其恢复帝号?您对这件事有什么想法吗?"平原君无可奈何地叹息道:"现在情势下,我怎么敢不同意,持有反对意见啊,在长平之战中,我们损失了四十万的士兵,那可不是一个小数目啊!现如今秦军又围攻邯郸,大军压境,我们也是没有办法啊!"他对鲁仲连说这些话的意思很明显,俨然就是打算按照辛垣衍的意思办了。

鲁仲连听完平原君的话,不禁有些鄙夷,"我原本以为您是一个贤人,可是现在我才发现你也没有什么与众不同的地方,让我去找辛垣衍。"于是平原君就把他带到了辛垣衍的居所,鲁仲连见到他后,却站在那里一句话也不说,辛垣衍看见他这样,不禁觉得有些奇怪:你不是来找我的吗?怎么见了我却一句话也不说呢?于是,他就先开口说道:"来到这里的人,几乎对平原君有事相求的,但依我看,先生您却不像是这样的人,既然如此,您为什么不赶快离开这是非之地呢?"

鲁仲连这才开口回答道:"其实不瞒你说,我这一趟来邯郸,并不是有事有求于平原君，而是希望能够帮助赵国去攻打秦国。"辛垣衍听了很不以为意，这个鲁仲连，想以个人的力量来实现帮助赵国攻打秦国，不是异想天开吗？不过他虽然这样想，表面上却不露声色，什么都没说，而是平静地问道："既然如此，那你打算通过什么样的方法来帮助赵国呢？"

鲁仲连郑重其事地对辛垣衍说道："以我的意思，我会让燕国和魏国出兵相救，那么紧接着齐国和楚国自然也会出兵相救。"辛垣衍听了就更丈二和尚摸不着头脑了，疑惑地说道："就依先生所言，先生能够说服燕国出兵救赵，可是我是魏人，先生又打算如何来说动魏国呢？""这也只是因为魏国并没有清醒地看到秦国称帝会带来的危害，所以才拒绝出兵相救，如果能够使魏国认识到秦称帝的危害，那么魏国必然会出兵相救。"鲁仲连自信满满地对辛垣衍说道。

辛垣衍听得更加糊涂了，满脸疑惑：这秦国称帝能够造成什么样的危害啊？鲁仲连看出了他的疑惑，就进一步地解释道："当初的齐威王广施仁义，率领天下诸侯去朝奉周天子，可是最后也只有他一人去了，到了后来周天子驾崩，天下诸侯纷纷前往吊唁，唯独齐威王一人去晚了。周太子大发雷霆，扬言要杀了齐威王，齐威王当时也非常震怒，大骂周天子。后来，人们都知道了齐国去朝见周天子，并不是出于自己的真心，齐威王在周天子活着的时候去朝见，而在周天子死后就破口大骂，现在的周天子也不过如此。一个称号对于他来说就有那么重要么？"

鲁仲连点到为止，停止了说话，这辛垣衍的反应也很快，将之前的事都联系起来仔细想了一下，就明白了原来这小子是想要他们出兵帮助赵国攻秦，秦国的目的也根本就不是为了一个帝号而来的，他就说道："先生您难道没有见过主仆在一起行走的场面吗？数十个人跟在一人的后面，难道是因为他们打不过主人，还是因为是智慧比不上他？他们这样做从根本上来说恐怕是因为畏惧主人的缘故吧。"

鲁仲连听着不禁有些生气，与这家伙说正事呢，竟然跟我打起比喻来了，于是也就不跟辛垣衍打哑谜了，怒斥道："难道魏国就自比秦国的奴仆，甘心做秦国的奴隶吗？"辛垣衍听了不以为然，点头称是。鲁仲连一看这状况，怒火冲天，大声喝道："那我就说服秦王，让秦王把魏王剁成肉酱，然后再煮了吃掉！"

辛垣衍听鲁仲连这样说也不高兴了，不过他还是努力让自己克制住了，回答他道："你怎么这么说话。你这样说话也太过分了，那你就说说你用什么方法能够让秦王杀了魏王？"鲁仲连听他向自己询问，态度也渐渐缓和了下来，就给他说了很多历史事件，大意就是那些趋炎附势，讨好昏庸帝王的人大都不会有一个好的下场。鲁仲连晓之以理，动之以情，又向辛垣衍分析了当今天下形势，说了目前秦国和魏国的关系，如果帮助秦国称帝，只会让魏国陷入更加危险的境地。

辛垣衍听完鲁仲连的分析后对鲁仲连佩服得简直是五体投地，说道："刚开始见到先生，我还以为先生是个平凡之人，哪知先生是为了天下，我现在就立马回国劝说魏王，不再提起尊秦称帝的事情。"差不多也就在这个时候，信陵君就杀了晋鄙，带兵来到了邯郸城下。

平原君见鲁仲连是个人才，就想将他收入自己的帐下，辅佐自己，谁成想鲁仲连想都没想就一口拒绝了，他向来淡泊名利不愿入仕，甚至连平原君给他的黄金也分文没收。

鲁仲连的辩才可谓是相当的厉害，凭借自己的几句话就让魏国改变想法，不再尊秦为帝，但是他更厉害的是，他的一封书信就能让人自杀！

齐国曾经和燕国发生过一起战争，结果燕国大胜。齐国被燕国打得只剩下了即墨和莒两个城池。田单虽然倾尽自己的全力帮助齐国复国，扩大实力，但是当中不免受到重重的阻力。

在田单复国前，鲁仲连曾经帮助田单反攻燕国的进军。鲁仲连当时给燕国占领聊城的的守将写了一封劝降信，他在信中这样写道："我曾经听说过，明智的人不会违背时机而放弃有利的行动，勇士不会回避死亡而埋没名声，忠臣不会先顾及自己而后顾及国君。现在你因为自己的一时之念，就不顾之后的燕国还有没有良臣，这是不忠；灭掉聊城后，却没有令齐国感到惧怕，这不是勇；功名败灭，后世根本就不会有人知道，这是不智。"而后他在信中又写道："现在你率领的燕军处境简直可以说是"腹背受敌"了，燕国那边已经连自己都顾不上了，当然不可能再派救兵来协助你们，眼下的情况，只有投降才是你们能够生存下去的唯一途径！也许齐国人会大发慈悲地给你们留一条生路，否则你们坚持下去就只有死路一条了！"燕将看过这封信后，开始犹豫不决，他想要重新返回到燕国，可是却怕这样会被燕王和国民痛恨，说不定还会把自己当成逃兵懦夫而处死。如果按照信中所说投降齐国，自己曾经杀了无数的齐人，齐人怎么能放得过自己，想必也是活不下去。思前想后，没有出路，最后他只能悲痛地长叹一声："与其死在别人刀下，还不如我自杀！"说完便挥剑自杀了。

这样一来，燕将一死，城内燕军群龙无首，军心涣散，乱作一团，齐军趁着这个机会杀了进去，夺回了聊城。鲁仲连写的这封信，利害分明，言辞犀利，这根本就不是一封劝降信，倒更像是传说中的催命符了。

此后，赵国、齐国等诸侯国纷纷想拜鲁仲连为相国，并对其封官嘉赏，但鲁仲连还是一一推辞，后来隐于东海，过着闲云野鹤般的生活。

虞卿——合纵抗秦的拥护者

> 人物名片

虞卿（生卒年不详），邯郸人，是战国时期的一位名士，游说赵孝成王成功后，被拜为上卿，后被困在大梁，于是他专心著书，著有《虞氏春秋》传于后世。

> 人物风云

虞卿的一生都在极力主张联合各诸侯国，采用合纵的方式来抗击秦国，可以说是一位不折不扣的合纵人物，在长平之战前后，在赵国内部，虞卿主张的合纵派和连横派展开了一场激烈的争辩，虞卿最终成功地说服了赵王，让赵王采纳了他的建议。

当时，秦国和赵国在长平展开了一场大战，一开始，赵国就打得非常的吃力，中间还死了一名都尉，这更让赵国陷入了不容乐观的境地，赵王心烦意乱，立马找来大臣楼昌和虞卿来一同商量接下来的对策。

赵王说："增派兵马与秦国来个一决雌雄，你们看怎么样？"楼昌一听，马上就把赵王的这个想法阻拦了下来，劝说道："大王，这危险性太大了，我看，我们还是筹集重金向秦国求和吧！"

虞卿听了楼昌的话后笑着对他道："你之所以提出这样的建议，想要说服大王向秦国求和，是认为如果不向秦国求和，秦国一定会震怒，进一步的发兵消灭赵军，是吗？你不觉得这种想法是很可笑的呢？我认为，是否赵国应该与秦国讲和的主动权现在握在秦国的手里，依照大王的看法，您觉得秦国到底想不想灭掉赵军呢？"

赵王还是一心主战，就说道："这次不同以往，秦国派出了一支大军出战攻打赵国，来势汹汹，很明显的目的就是要消灭赵国，他们才甘心啊！"虞卿看赵王已经落在了自己设下的圈套中，就继续对赵王说道："我认为与其重金向秦国求和，还不如用这些重金去结交楚国和魏国，这两国得到钱财，一定会接纳赵国的使臣，如果让秦国知道此事，他们一定会产生顾忌，延缓进攻，当他们确定了赵国的使臣的确在楚、魏两国有活动时，秦国就会怀疑赵国在联合诸侯密谋伐秦，必定会产生一定的忧虑，这时如果我们再与秦国讲和，我们才不会陷入被动。"

不得不说虞卿的这个攻心计谋很好，可是赵王却偏偏认为这样非常的不妥，其中隐藏的风险还是很大的，万一这个秦国不停止进攻反而加紧进攻，那岂不是耽误了很长时间，延误了战机？到时候，恐怕是连都城都要保不住了吧！于是赵王便派人携重金去向秦国求和，而秦国也欣然接受了赵国的使臣郑朱。这时的赵王显得很得意，便派人找来虞卿说道："你看，我及时地向秦国求和，情况并不像你所说的那样糟糕，秦国已经接纳郑朱，并且同意赵国的求和，这是你想不到的吧，你认为今后的形势会是怎么样的呢？"

虞卿这次回答得很干脆，说道："大王，恕我直言，我还是坚持认为此事肯定是不会成功的，而且，赵国的灾难马上就要来临了，到时，恐怕天下的诸侯也都会到秦国祝贺的。"接着，他又向赵王分析了其中的利害关系："郑朱是赵国的贵族，他只要一进入到秦国的辖地，秦王与范雎必定会向天下炫耀这件事，说咱们赵国怕了秦国，向秦国屈服了，立马就派人来求和了，等到秦国看清形势，得知天下诸侯并不会联合起来围秦救赵的时候，就不会像现在这样与赵国顺顺利利地讲和了。"赵王还是不相信虞卿的话，就说道："那你就等着看吧！"

结果，事情的发展果真与虞卿预料的一模一样，秦国见各国诸侯都没有动静，丝毫没有援救的意向，就没有同意赵国的讲和请求，反而是在长平大开杀戒，赵国四十万被俘士兵通通被活埋。并且继续加紧兵力向赵国进军，顺利包围了邯郸城。

赵王看到事情竟然发展到这种地步，心里非常害怕，就又继续派人去向秦国求和，并且还答应要给秦国六个县，表示求和的诚心。虞卿听说这件事后就再一次地找到赵王，对他说道："大王，您认为现在秦军继续发兵攻打赵国，难道是因为秦兵还有余力吗？如果秦国仅仅是因为您割让的六个县就停止了继续攻打赵国，那么他是因为大王，还是因为军士疲倦而归呢？"

赵王稍作思考，就对虞卿说道："秦军攻我，战事已经持续了很长时间，秦军不遗余力，必定是因为疲倦才撤军的。"你说这赵王心里明明知道事情的真相是怎么回事，就是喜欢揣着明白装糊涂，办起事来又特别的糊涂，虞卿虽然无奈，但还是苦口婆心地对赵王说道："现在秦军攻打邯郸这么长时间，久攻不下，战略物资必然供应紧张，军心骚乱，必然是倦极而归，可大王你现在却将秦国费劲全力都得不到的东西拱手送给了别人，这样做也只能进一步地助长秦军的嚣张气焰，我们赵国又有多少土地可以这样被割让给秦国呢？如果以后秦军再来攻打我们，我们没有了求和的资本，大王，这下可就真的没法求和了。"

赵王听后觉得虞卿的说法很有道理，也开始犹豫了，他虽然很明白这个道理，知道这样下去也不是长久之计，但是却由于生性懦弱，不敢拒绝秦国提出来的任何的要求。他就又找来主张亲秦的大臣赵郝来商量这件事。结果当然可想而知的了，赵郝极力主张赵国与秦国讲和，以求得暂时的安稳。

可是自从上次长平之战的教训，赵王害怕了，被秦国给打怕了，不敢再不经过思考就鲁莽地同秦国求和，就再一次地找到了虞卿，并且对他说了这事，让虞卿帮忙想对策。从这里我们能够很明白地看出，这个赵王也是个很没有主见，很没有魄力的君王，有些事自己明明清楚，心中也早已经有了立场，但是却没有勇气去将自己的想法付诸行动，堂堂一代君王居然如此懦弱，他的国家又怎么能够强盛起来呢。

虞卿听完赵王的叙述，就对赵王说道："如果事情果真像赵郝说的那样简单，事情就好办了，只要大王肯将自己的土地割给秦国，秦国收到割地明年就不会再来攻打我们了，可是他又拿什么来保证秦国就会按照他所设想的那样做呢？他只是一个到秦国出使的大臣，手中并没有什么实质性的权力，如果秦军收了土地，明年还要再来攻打我们，难道我们还要割地吗？我们的土地一天没有割尽，秦国是一天不会罢休的。赵郝的计策是自尽之术，在这种策略下，赵国的土地只会一点点地被割掉，一点点慢慢地减少，赵王您参考一下韩、魏两国的情况就知道了。依我看，我们倒不如拿这六个县的土地去联合其他的诸侯国一起抗秦，不然，秦国早晚有一天会灭掉赵国的！"

赵郝听后，就与虞卿展开了异常激烈辩论，他们公说公有理，婆说婆有理，争执得很激烈，到了最终也没有争下个确切的结论。赵王看两人僵持不下，两边也都各有一定的道理，一下子懵了，也不知道该采用谁的建议。正在赵王一筹莫展的时候，出使秦国的楼缓从秦国归来，赵王又立马与楼缓来商谈这件事该怎么办，最终，楼缓也同意赵郝的意见要割地。事实上，这位楼缓在秦国待了这么多年，自从先祖赵武灵王死后，他的心早就放弃了赵国而飞到秦国去了。

虞卿一看，赵王马上就要被赵郝与楼缓说得妥协了，就赶紧对赵王分析了天下形势，仔细说明白了割地的坏处，然后又说出了自己千思万想的合纵的计策：从目前的形势来看，其他国家都与秦国有或多或少的仇恨，我们正好可以借着这次机会联合六国，大家一起团结起来反抗秦军。赵王其实在心里一直都倾向于虞卿的建议，只不过就是有些胆怯，还有些犹豫。他思来想去，最终还是果断地采用了虞卿合纵抗秦的策略，并且派虞卿东见齐王，商量合纵伐秦的一切事宜。就在虞卿出使齐国还没有回到赵国的时候，秦国就主动地派使者与赵国讲和了，楼缓听了之后，慌慌张张地逃回了秦国。后来，赵王为了感激虞卿对赵国做出的贡献，特意送给他一座城池。

之后，虞卿因为魏国相国魏齐的缘故，宁愿放弃自己奋斗所得的高官厚禄和相国大位，与魏齐一起从小路逃出了赵国，希望通过信陵君逃往楚国，但是上天没有眷顾他们，二人在魏国大梁遭到困厄。魏齐死后，虞卿抑郁不得志，就开始发愤著书，著有《虞氏春秋》一书流传于后世。

子贡——能言善辩的政治家

人物名片

端木赐，（公元前520～前456年），字子贡，著名的政治家，堪称儒商鼻祖，子贡官至鲁、卫两国的相国。子贡是孔门七十二贤之一，孔门十哲之一，出生于春秋晚期的卫国。他是孔子的得意门生。他有干济才，办事通达，利口巧辞，善于雄辩。他通晓经商之道，曾经多次周旋在曹、鲁两国之间，是孔子所有门生最为富足的一个。

人物风云

子贡的老师是著名的教育家孔子。子贡向孔子学习了很多有关礼仪的知识，在论辩时，有时就连他的老师孔子也不是他的对手。当鲁国有难之时，他在紧急时刻被任命为使者，随即保住了鲁国、让齐国开始动乱、灭掉了吴国、强晋霸越。

齐国的将军田常想要夺取齐国的政权，总是因为没有建立功勋被鲍氏等贵族镇压。于是，田常决定通过攻打鲁国来建立自己的功勋。

本是鲁国人的孔子听闻齐国要攻打鲁国，便把门下弟子招来，商议怎样才能避免这次灾祸，想要一试身手的子路等人都被孔子拦了下来。只有子贡请命之时，孔子才应允下来。子贡素来善辩，在孔子的众多在场的弟子中，无人能与之匹敌。

受命后的子贡，随即便来到齐国，看到田常后，他对田常说道："听闻将军要攻打鲁国，我认为非常不妥，如果您真的去攻打鲁国，一定会遇到很多麻烦。现在的鲁国土地渺小，人口稀少，且城墙低矮，国君由腐败残暴，朝中的臣子和将军也不是能人义士，士兵的作战能力也极其低下，本身矛盾麻烦众多，根本就不值得一击。依在下看来，应该去攻打吴国，吴国有坚硬又高大的城墙，极其广阔的国土，战斗力很强的士兵，所以如果你您去攻打吴国会十分有利。"

田常听后，火冒三丈，怒喝道："简直是一派胡言！你认为难对付的敌人为什么在常人眼里却全是比较容易战胜的，而你认为好攻占的，在别人眼中却是很棘手？你分明就是在戏弄我！"子贡听后微笑道："请将军息怒，我来分析一下这其中的利害关系。我听别人说过，忧在内者攻强国，忧在外者攻弱国，将军您现在的忧患就是在国内，您曾经向齐国国君三次讨要封赏而没有成功，原因就是有些大臣在以您没有功勋没有资格为由从中作梗。即使您现在灭掉鲁国也不能凭此被封。只会让和您同去的几家贵族被封赏一些土地，让齐国的国君更加骄傲自大，使您和齐王的关系更加不和，所以我认为您还是去攻打强大的吴国会更好，这样那些反对您的大臣就会在这场战役中死去，这样不是很好吗？"

田常一听动了私心，认为子贡的主意十分不错，但是他又怕有人会对他生疑，本来说好要攻打鲁国，现在又要改鲁国为吴国。对于田常的疑虑，子贡早已想出了对策了，于是他对田常说道："请将军放心，我会先说服吴国去出兵救鲁，而您先按兵不动，如果我没能将吴国的救兵搬来，你再进行攻打也不迟啊！"田常听后，认为此计可行，便将子贡送走了。

离开田常的子贡随即来到吴国，对吴王说道："大王，听闻齐国现在要攻打鲁国，你务必要出兵相救，这样不仅能将您的威信显现出来，而且还可以使齐国的实力削弱，此乃一举两得之举啊。"吴王马上被子贡一番话惹得心花怒放。此时的吴王正是夫差，本就有此打算的夫差正好趁此机会北上。但是他也担心越国乘机来攻打吴国，于是对子贡说道："现在越国的国力日益加强，我很担心他会趁机攻打我。"

不想耽误时间的子贡，经过深思熟虑之后。对吴王说道："我会去劝说越国一起出兵援鲁，请大王放心。"之后子贡又立刻飞奔到越国，见到越王之后，马上对越王说道："吴国现在准备与齐国开战，但是因为担心您会在背后出击，所以决定要先来灭掉越国。"子贡为的就是让越国出兵助吴王，于是经过了一番添油加醋。勾践一听大惊，如果吴国现在对越国发兵，那这些年的卧薪尝胆付出的努力不就白费了吗？于是恭敬地对子贡问道："我现在该如何是好呢？"

对此子贡早已想好对策，于是说道："我认为您应该出兵和吴国一起援助鲁国，并向吴国进献一些礼物，使吴国消除对您的怀疑，如果吴国在这场战争中战败，这对您来说也是个大好时机，如果吴国胜利了，一定会将对晋国出兵。"勾践听后连连称是，并将很多宝物赐给了子贡，但子贡都谢绝了。完成劝说任务的子贡马上快马加鞭赶回吴国，向吴王说明了情况，说勾践不敢得罪吴国，会派兵一起加入援助鲁国的战役。

五日之后，越国的大夫文种果真带着许多珍贵的物品和一些精良的武器和铠甲来到吴国，将宝物献给吴王之后，文种还说勾践会亲自带兵来助战。吴王将此事告知子贡之后，子贡听后，认为让勾践亲自带兵作战非常不妥，吴王听取看他的建议，没让勾践亲自带兵前来，只收下了越国的礼物和一些士兵。

吴王见后方的危机解除，便开始出兵救鲁，得到消息的田常，马上出动军队假装要攻打鲁国，等待吴国的军队的到来。子贡却在此时跑到晋国，对晋国的国君说道："现在吴国和齐国大战，吴国有很大的胜算，凭借夫差的为人，如果他将齐国战胜，一定会对贵国发动战争，所以我希望您能早点做好战斗的准备。"晋国国君知道此事非同小可，于是谨慎地问道："如果真的像先生说的那样，我又该如何是好呢？"子贡说道："您应该休整部队，以逸待劳，为这场战争做好充分的准备，就不怕吴国来攻打了，而且吴国已与齐国一战必不敌贵国。"

吴国和齐国在艾陵进行大战，结果齐军大败，损失惨重，夫差借势向西攻打晋国，在黄池与晋军相遇随即交战，为了争夺霸主之位，双方展开了激烈的交战。虽吴国的国力占有优势但晋国这次也没有让吴国占到便宜，他们将吴军的主力拖住，勾践此时就乘机发兵，攻打吴国的都城，夫差只好回救。三年之后，越国将吴国灭掉。

经过子贡的一番调解，让春秋时期的局势完全更改，虽然他的出发点只是想要救鲁国，但是事情发展起来就很难控制，最后引发了春秋时期各国局势的变化。不过由此可以看出子贡还是很有才能之人，凭借一己之力不但化解了鲁国的危机还影响了当时的局势。辩才之称非子贡莫属。

范雎——助秦称霸的谋略家

人物名片

范雎（？～公元前255），又叫范且，字叔。战国时期魏国人，是当时非常著名的政治家、军事谋略家。他与商鞅、张仪、李斯先后任命为秦国的丞相，对秦国的发展壮大以及以后统一东方六国奠定了根基。

人物风云

范雎本为魏国人，后来，因祸进入秦国，被秦昭王重用，帮助秦国在统一战争中扫平了诸多障碍，为秦国一统天下的伟业立下了汗马功劳。

在燕国的大将乐毅率领五国的军队讨伐齐国之后，因为田单出色的指挥，让齐国恢复原貌，魏国因为担心齐国对魏进行报复，所以派人出使齐国，希望能与齐国重修旧好。

魏王此次派出的使者就是须贾，须贾带着自己的门客前去说齐，这些门客之中就包括范雎，范雎高兴地随须贾而去，想要让自己的才华得到展露，让须贾可以推荐或重用自己，但是，险些因为此次出使而丢了性命。

来到齐国的须贾等人，带着很多金银珠宝去拜见齐襄王，怎奈齐襄王一见到他们就毫不客气地说道："当年我国的先王与魏国一起攻打宋国的时候，两国的关系甚好，但是这种友好的关系没维持多久，你们就和燕国合谋来攻打我们，差点让我国灭亡。想到先王被你们这些犹如强盗一样的人杀害的情景，我就很是气愤，现在你们又开始想要用花言巧语来愚弄我，更是可恨。我是不会相信你们这些反复无常之人的！"

须贾被说得无反驳之力，正在他为此犯愁之际，范雎在一边说道："大王，话不能如此说来呀，之前我们奉了周天子之命攻打宋国，大家本来说好瓜分宋国，但是齐国却违背当初的诺言，将宋国独吞。除此之外，齐国强大之后，还不断地对其他诸侯国进行攻占，因此这些诸侯国才联合起来一起攻打齐国，况且我们魏国还因念着旧情没有跟随燕国军队一起对齐国的都城临淄发起进攻，以表我国对齐国的尊重。现在大王你应该抛开前面与我们的过节，像先祖齐桓公与齐威王那样英明的治理国家，一定能让齐国重新强大昌盛起来。我国为了齐国才打算与齐国重修旧好，但是大王不仅不高兴，反而将我们说成是反复无常的小人。以我之见，大王恐怕要重蹈齐桓公的覆辙！"听完范雎这番不卑不亢之言后，齐襄王马上开始对魏国另眼相看，随后说道："看来是我错怪你们了！"须贾终于在虚惊一场之后，成功地完成了使命。

齐襄王由此对范雎很是赏识，希望能够将他招到自己的手中，被自己所用，于是就暗中打听范雎此人，在得知范雎只是须贾的一名门客之后，就高兴的派人暗中规劝希望能将范雎留在齐国。范雎谢绝齐襄王的要求，他说道："我本是魏国人，和魏国的使臣奉命一起出使贵国，如果留在贵国岂不是没有信用可言，一旦被他人知道此事，我又如何做人呢？"

齐王听到范雎的话后，对他更加敬重，于是将黄金和酒肉赐给他，范雎拒绝接受齐王的赏赐，但最后推辞不过，只好将酒肉收下，黄金退回。

得知此事的须贾，对此非常嫉妒，他回国之后，在魏国相国魏齐面前诬陷范雎，说他暗通齐国，私受贿赂，出卖情报。魏齐听后大怒，将范雎抓起来，进行严刑拷打，想要屈打成招，但是范雎本是硬骨头，经过几番严刑逼供之后，范雎始终都没有招供。后来他因为装死才得以保全性命。被当成死尸的范雎，被士兵用席子卷住，丢进了厕所之中。

清醒后的范雎以重金贿赂守卫请求帮他逃出魏国。守卫随即答应下来。随后禀报魏齐将厕所的死人处理，在魏齐同意之后，守卫帮范雎逃脱。范雎这才得以幸免。后来得知范雎未死消息的魏齐，开始到处搜捕范雎。范雎在好友郑安平的帮助下，得以逃脱，并改名为张禄。

不久之后，秦王派出王稽来出使魏国，郑安平装扮成一个士卒，跟在王稽身边。待王稽要走之时，向王稽说明了范雎的事情，并寻找机会让王稽和范雎会面。见到范雎的王稽认为范雎是一个不可多得的人才，与他相谈甚欢，于是决定将他带回到秦国去。

王稽将范雎藏到自己的车队之中，蒙混逃出魏国，到达秦国之后，巧遇穰侯，范雎说道："我听说现在是穰侯把持着秦国大权，讨厌外国的宾客，如果让他见到我，恐怕事情会不妙。"于是，他躲到了马车之中。

果然，穰侯上前对王稽进行了一番询问，被王稽遮掩过去，范雎出来之后马上又装扮成了一个随从，众人对此大为不解。他解释道："我听闻穰侯此人多有疑心且记性不佳，他待会一定还会派人来搜查的。"不出所料，刚前行几步，穰侯果真又派人来巡查，见车中无生人，才就此罢休。由于范雎的谨慎行事，他才避免一难。

王稽回国之后，马上向秦王禀报了此次出使的情况，并将范雎推荐给了秦王，说他是个有才能的人，但是秦王却对范雎兴趣不大，并不着急的范雎开始等待时机。

公元前270年，秦王派魏冉率领大军攻打齐国，范雎看到时机成熟，于是写了长长的一封信给秦王。秦王看到这封诚恳且很有才华的信之后，立刻派人将范雎叫来，范雎入宫之后，故意左转右转，拖延时间。就在范雎拖延时间时，秦王向他走来，身旁的人催促他说："大王来了，快点走啊！"怎奈范雎故意装糊涂说道："秦国哪里有王啊？我看只有太后与穰侯罢了！"秦昭王听到他这番大胆之言后，对范雎说道："先生所言极是，早前由于我年轻，不能独理朝政，如今我能自己做主了！"

秦昭王如此谦和的态度，使范雎受宠若惊，于是对秦昭王更加信任。范雎将自己的想法告知了秦昭王。他先说了以前齐、楚两国互相攻打皆得不到好处。昭王对此不明所以，于是范雎继续说道："魏国一向不讲诚信，我们不用与他们讲情面，若魏国不能侍奉齐国，我们就对他们进行收买，如果依然不行，我们就出兵攻打他！对于秦国附近的诸国，我们出兵攻打，一旦胜利就可以得到土地，即使攻打失败，他们也没有能力攻打秦国，而对于比较偏远的国家，我们应该和他们结盟，让他们对我们附近的国家也进行攻打，这样就可以事半功倍，逐步扩大我们的实力。"

秦昭王听到此番言论之后，对范雎大为赞赏，决定对他进行重用，同时太后和穰侯掌权的时代也宣告结束。后封范雎为相国。

范雎初任相国时，须贾曾被派出使秦国，范雎听闻之后，穿上破烂的衣服假扮成乞丐。并假装与须贾巧遇，须贾大吃一惊，随即想到范雎没死，觉得自己对不起他，于是请范雎到饭店中大吃一顿，并送给范雎一件绨袍，此举让范雎很感动，范雎饭毕之后离开。后来，须贾来到朝中，才发现秦国的相国张禄就是范雎，他连忙向范雎赔罪，范雎感念绨袍的情义，没有杀他。这也就是后来的"绨袍之义"。

范雎被封为相国之后，秦国加紧了对外作战，为秦国赢得了不少好处，不过他晚年的时候因为推荐人才不当，惹了大祸。秦昭王念他功劳卓越，没有对他深究，范雎自知此事还会再起波澜，便急流勇退了。